「実在」へのアリア

小林秀雄のベルクソン受容から

川里 卓

晃洋書房

口絵 1

口絵 2

まえがき

小林秀雄（1902-1983）は 1961 年（昭和 36 年）に長崎県の雲仙において「現在思想について」と題する講演を行った．この講演の後，一人の学生が「自己」の問題について小林に質問をした．小林は「人生は何かとか，自我の葛藤はどうだとか，形而上学は可能かとか，実在に達しうるのかとか，君の中心の問題は哲学です．哲学的問題と言っていいやね，君を悩ましてるのは」（『学生との対話』67 頁）と述べながら，フランスの哲学者アンリ・ベルクソン（1859-1941）を取り上げ次のように回答している．

　　君の質問は，根本から考えれば，哲学者を何千年来悩ましてきた問題じゃないか．今いかに哲学というものが流行らなくとも，君がもしもこれは自分の人生で一番重要な問題だと思うならば，なぜ哲学を勉強しないのか．（中略）本当にその答えを知りたいと感じるならば，勉強しなさい．ベルグソンをお読みなさい．ベルグソンが何を言っているのか，よく考えなさい．もしもベルグソンの言っていることがどうしても自分に気に食わなかったら，また他の人の本をお読みなさい．そして，また考えなさい．（前掲書，68-69 頁）

　ベルクソン哲学は小林批評の根本的な部分を形作っている．しかし，小林は単にベルクソン哲学をそのままの形で受容しているのではない．小林はいかにベルクソン哲学を受容し，そこから独自の美学思想を展開させていったのか．これが本書の第一の問題提起である．

　さて，小林は 23 歳のときフランスの詩人アルチュール・ランボー（1854-1891）の『地獄の季節』を本屋で偶然見つけた．この著作と出会う前，彼はボードレールの『悪の華』の中に閉じ込められるような閉塞感を覚えていたと

いう.ボードレールの詩には意識的創作という側面がある一方,ランボーの詩には「観念」や「感情」とは異なる「自然の諸断面」が表現され,それが小林をボードレール的思考の外部へと導く結果になった.小林が青年時代をともに過ごした大正 (1912-1926) の思想家たちは,「意識的創造」を中心に思索を行っており,小林にとってのランボー研究の意義は,プロレタリア文学の後の作家の仕事に見られる,意識的創造の価値を相対化する試みであった.

批評において意識的創造の外部に出るとは,いかなる事態のことを指しているのか.初期の論文「様々なる意匠」(1929) において小林は,「批評の対象が己れであると他人であるとは一つの事であって二つのことでない.批評とは竟に己れの夢を懐疑的に語ることではないのか」(『小林秀雄全作品1』137-138 頁)と述べ,芸術や文学作品で表現される内容と,自らの思想を批評を通して語ることの関係について語っている.小林批評の語りは,作品の制作者そのものと完全に一致しない.「懐疑的に」作品を語ることを通して自らと作品の距離を取りつつ,それでいて批評作品を客観的な批評対象として固定化する手法を退ける.小林と 50 年以上の交友関係を持つ作家の大岡昇平 (1909-1988) は,小林の思想を「形而上学に対する本能的な嫌悪」(『小林秀雄』51 頁)ないしは「創造の過程には論理的な解釈を拒否する実在がある」(前掲書,52 頁)と特徴づけている.大岡の言う論理的解釈以前に存在する真の「実在」とは,晩年に至るまでの小林批評に一貫した特徴であり,本書の基本的な立場を表明するものであるが,大岡はこの見解を上記で述べられた以上に展開させていない.それゆえ本書では,大岡のこの立場を展開させ追究するなかで,第二の問題提起として次の仮説の証明を試みる.すなわち,小林批評は,作品における真の「実在」(réalité) の現れと不可分に結びついた,自らの「感動」及び創造の瞬間における作者の精神の動きを解釈の対象としている,という仮説を本論での考察を通して証明していく.

本論の構成について言及しておこう.第 1 章では小林批評に最も大きな影

響を与えたと仮定できるベルクソン美学を詳細に検討し，それを小林がいかに受容したかを明らかにする．第2章では，小林のランボー論とセザンヌ論を検討し，創造的瞬間における主体的創作態度が，「信じる」という言葉とともに強調されている点を示す．第3章では，小林のモーツァルトやプラトン論を扱いながら，「無私」の精神と，自己／個人を超えたものとの関係を検討する．第4章では，小林の柳田国男論およびファン・ゴッホ論の分析を通して，「感動」や「ある普遍的なもの」が，芸術家の作品制作を引導する役割を担っていることを明らかにするとともに，小林批評の解釈の対象は何かという問いに答え，本論全体の締めくくりとする．

目　次

第1章 ―――

ベルクソン美学

小林にとってベルクソンは尊敬すべき哲学者であっただけでなく，自らの心で「体験し感得したもの」をその思索の中心に据える詩人としての側面を持っている．日常生活の中で固定化された既存の言葉の使用を離れ，新たな言葉の組み合わせとともに，未知の思考領域の表現を試みる人々が小林にとっての詩人である．ベルクソンの哲学は「持続」（durée）を中心に展開していくが，これはベルクソンが「意識に直接与えられたもの」以外の知的構築物や理論的先入見を排し，ひたすら人間的な経験や体験に根ざした哲学を構築するという，自らの根本的な思索的態度の表明であったと小林は考える．

　小林のベルクソン解釈では，自らの理性的な把握を超えた真の体験や経験が，その後の思索を導く出発点とされる．何かを真に感得する経験のうちでは，通常の経験範疇とは異なる言葉の使用や表現の方法の案出が求められる．けれども，思索家や芸術家の仕事においては，無から何かが創造されるのではない．先人の思想や作品の成果に根ざし，それらを超える形で新たな展開がなされる．ベルクソンの場合では，スペンサーの著作を読み解く中で真の時間が発見され，生きた時間としての「持続」概念を『意識に直接与えられたものについての試論』において提示した．ベルクソンが真に感得した経験が，彼自身にとっての回答を与えるべき課題として現れ，その問題を解決しようと努力する中で，彼の著作が生まれてくる．既存の知的・理論的枠組みに依存せず，つねに変化する眼前の対象の形を捉えて離さない精神の努力にこそ，ベルクソンが思索を行う際の根本的な特徴がある．そして「持続」という概念の中には，ベルクソンの哲学的態度そのものが表明されていると小林は言う．

　　彼［ベルクソン］も亦詩人の様に，先ず充溢する発見があったからこそ，仕事を始めることが出来た．彼にとって考えるとは，既知のものの編成変えでは無論なかったが，目的地に向かっての計画的な接近でもなかった．先ず時間というものの正体の発見が，彼を驚かせ，何故こんな発見をする始

末になったかを自ら問う事が彼には，一見奇妙に見えて，実は最も正しい考える道と思えたのである．これは根底に於いて，詩人と共通するやり方である．最初にあったのは感動であって，言葉ではない．ただ，感動は極度に抑制されただけである．（『小林秀雄全作品 別巻 1』22-23 頁）

　生きた時間としての「持続」の発見が，ベルクソンの意識に「感動」を呼び起こした．ある対象が真に見出されるとき，対象と不可分のものとして感動が与えられる．美しい空を眺めているとき，美しい空の認識は感動と同時に現れる．観察される対象としての空と感動という精神の働きは，この場合，互いに浸透しあう形で存在している．事後的に美しい空を見た体験を分析したときになって初めて，「空」という対象と「感動」という言葉の違いとともに，主観と客観という区分が生じる．それ以前の根源的な認識の段階においては，主観と客観の間に区別はなく，両者は混然一体とした一つの認識として捉えられている．この主客未分の状態に，小林は「感動」という契機を見出すのであるが，何がこの「感動」を与えるのか．さらに言えば，主体と客体の区別がない状態の中では，一体何が感動させられると言えるのか．

　ベルクソン哲学の枠組みにおいては，感動を「与える」主体と感動「させられる」客体という区別を設けた時点で，今まさに生き生きと経験されている体験を，その外部から眺める事後的な視点が入り込んでいると答えることが出来る．経験の渦中にいる人物は，自分の精神に生じることだけを切実に経験しているのであり，感動を与えるもの，与えられるものという分析的な視点がそこに入り込む余地はない．言い換えると，この人物はまさに今そこで生じている経験という，流れる時間そのものを生きている．そこにベルクソンの言う「実在」（réalité）がある．

　真の「実在」は経験を通してのみ認識されるのであって，その認識は，あらゆる経験が時間的特徴を持つものであるのと同様，「持続」という時間的様態

を通してのみ成り立ちうる．真にものごとを経験し世界の「実在」に触れるとき，出来事を日常的範疇にカテゴライズするあらゆる出来合いの枠組みが取り払われ，ある日ある場所でただ一度しか経験されることのない，直接的で唯一の体験があるがままの姿で感得される[5]．

　ベルクソンは美学についての著作を残してはいない．しかし，彼の著作には芸術に関する考察が散りばめられている．ベルクソンは美学に関する著作の出版を考えなかったわけではない．ベルクソンは最後の著作『道徳と宗教の二源泉』を執筆する以前に，次の著作が美学または道徳に関するものか，あるいは双方になるか，わからないと語ったという[6]．最終的に彼の思索は『道徳と宗教の二源泉』に結実するが，1934 年に美学に関する著作の出版を尋ねられた際に，参考資料を収集するには年を取り過ぎているため，もし再びこの世に生を享けることがあればそれを書くと述べたという[7]．

　ベルクソンの美学的立場を確認しておこう．ベルクソンが生きていた当時の美学の傾向として，「実証主義的」なものと「スピリチュアリスム的」なものの二つがある[8]．前者は超越的な美の観念を前提とするのではなく，「社会の進歩と環境」に焦点をあてながら，社会の現実的な動きとの関連から芸術を捉えようとするテーヌに代表される立場である[9]．一方後者は，感性の働きや深い感情を重視し，感性的認識が形而上学的に重要な位置を占めるという立場であり，ラヴェッソンがその代表格である[10]．ベルクソンはラヴェッソンの哲学から大きな影響を受けており，『思考と動き』の最終章もラヴェッソンの思想の考察にあてられている．ベルクソンは後者のスピリチュアリスム的な美学に属している．ただ，ベルクソンの美学では，芸術家の「模倣」と同時に「創造性」が強調されるなど，様々な立場が併存している状況にあり，これは極めて 19 世紀的な特徴であると上村は言う[11]．これらの点を踏まえつつ，以下ベルクソンの美学を検討していくことにしよう．

1.1　「持続」とは何か

　ベルクソンは『意識に直接与えられているものについての試論』において，抽象的に考えられた時間ではなく，実際に生きられた時間を考察するために「持続」という概念を提示する．「持続」はベルクソン哲学にとって決定的に重要な概念であるだけでなく，ベルクソンの美学の構築においても，最も根本的な役割を担う概念である．ベルクソンは持続を次のように定義している．「純粋な持続とは，私たちの自我が生きるままとなり，現在の状態と以前の状態の間に区別を設けない場合に，継起する意識が取る形式のことである」(DI, 74-75 [67])．持続の例としてベルクソンは音楽を取り上げている．音楽を聴いている最中にある旋律が乱れた場合，その音楽全体が乱れたように感じる．前の旋律はすでに残っていないにも関わらず，音楽全体が台無しになったと思うのである．意識がすでに流れた旋律を記憶していないならば，このようなことが生じることはない．音楽全体は一つ一つの音符から構成され，旋律に間違いが生じた箇所は，もしそこだけを取り出すならば，周りの音と区別が可能である．しかし，流れている音楽においては，一つのミスが音楽全体を損ねる．音楽を全体として把握していなければ，このような事態が生じることはない．そこから，すでに流れ去ったメロディーは精神の時間の中に保存され，今流れる音楽と共存していると言うことが出来る．

　音楽の場合以外においても同様の事態が起こっている．ベルクソンが例として挙げる，振り子を持つ時計を想像してみよう．秒針は振り子の運動とともに動く．一瞬一瞬の秒針の運動を取り出してみると，それ以前の秒針の運動は存在せず，現在の秒針の運動だけがそこに残る．しかし，運動している秒針を眺

めるとき，私たちはその秒針が継続して運動してきたと考えている．現在の秒針の運動だけからではこのことは説明できない．なぜなら，意識の内部で，失われた秒針の運動が現在の秒針の運動に統合されない限り，失われた運動の表象は不可能だからである．つまり，意識内部において，前の秒針の運動を現在の瞬間の中へ統合する働きがなければ，そこには現在の秒針の動き，現在の瞬間の運動だけしか存在しなくなる．反対に，物質としての秒針の動きをこの運動から取り除いてみると，そこには過去の諸々の瞬間を現在に継起させる精神の「持続」の働きだけが残る．私の外部では，各々の瞬間が互いに浸透することなく，それぞれが独立に存在しているのに対して，私の内部には，各瞬間を相互に結びつけ，それらを一つにまとめて表象する能力がある．

> 私たちの自我の中には，相互外在性のない継起がある．自我の外には，継起のない相互外在性がある．相互外在性というのは，現在の［振り子の］揺れは，もはや存在しない以前の［振り子の］揺れと根本的に区別されるからである．しかし，継起の欠如というのは，過去を記憶し，補助空間のうちで二つの揺れやそれらの記号を併置する意識的観察者にとってだけ存在する．(DI, 81 [72-73])

「相互外在性のない継起」とは，連続する運動として捉えられる秒針の動きから，秒針の運動そのものを取り除いたところに現れる，過去を現在に結合する精神の働きのことをいう．純粋な「持続」の働きとは，内容を持たない形式のことであり，これがベルクソンの言う「持続」のモデルである．さらに，この秒針の運動を現実世界での経験と置き換えるならば，そこに私たちが持つ実際の意識が現れる．つまり，この世界で経験する各々の経験はそれぞれ互いに独立したものであるが，私たちの意識はそれらを継起したものとして捉え，過去の経験が現在の意識のうちで生きているのを感じている．すでに存在しない過去の経験は，それが現在の行動にとって有用でないものであっても，精神の

時間の中に保存され，現在の瞬間と共存している．音楽を聴いている時，すでに過ぎ去った楽音が現在の旋律のなかに浸透しているのと同様に，実生活における過去の経験は精神の中で保持され，現在の瞬間へ収縮している．この点に関してジャン・イポリットは，「持続」とは「純粋な継起であり，過去の現在への引き延ばし，したがってすでに記憶力である」[12]と述べている．ここでイポリットは「持続」と「記憶」のつながりを指摘している．「持続」における「記憶」の働きとは，過去を現在の瞬間に統合する働きのことであり，その意味で「持続」と「記憶」の両者は，過去の瞬間を保持し現在に結び付ける点において，共通の特徴を備えている．

　「持続」と「記憶」を含む，ベルクソン美学における実在論とはどのようなものであるだろうか．次節ではまず「持続」と「記憶」の関係をより詳細に検討していこう．

1.2　知覚における「持続」と「記憶」

　ベルクソンは『物質と記憶』第一章の冒頭を「イマージュ」(image) の考察から始めている．イマージュとは何だろうか．「感覚器官を開くと知覚され，閉じると知覚されなくなる」(MM, 11 [169]) ようなイメージ，例えば机の上にペンが見えるとして，眼を閉じると見えなくなるようなこのイメージが，ベルクソン哲学における「イマージュ」である．イマージュは物質世界全体，つまり「イマージュの全体」から切り取られたものである．日本にいながらパリの街を同時に見ることはできないように，ある世界が目の前に広がっているとき，他のイマージュは今ここにいる私にとって潜在的なものとして存在している．「イマージュの全体」は，自分の現在の知覚にとって潜在的知覚となって

いるイマージュをも含む．

「イマージュの全体」は，現前するイマージュに対して，部分と全体の関係
にある．あるイマージュを認識するとき，知覚に何が生じているのだろうか．
ベルクソンによれば，一つのイマージュを得ることは，「対象を照らし出すこ
とではなく，反対に，対象のいくつかの側面を暗くし，それ自身の大部分を対
象から減じることによって，その残りが事物として周囲にはめ込まれる代わり
に，一つの絵画として周囲から切り離されることである」(MM, 33 [186])．対
象を認識するとは，確固たる輪郭を持つ対象のなかから，スポットライトのよ
うにある事物が照射されることではなく，他の事物が潜在的な知覚の次元に減
じられることである．例えば，視線を窓の外に投げれば，そこに青い空が拡
がっている．部屋を離れて街中に散歩に行ったり，海外旅行に行ったりすると，
無数の光景が目の前に展開していく．部屋の窓から外を眺めていたときのイ
マージュは，街中を歩くときには潜在的なイマージュとして，現前する知覚か
ら「切り離され」ている．上記の切り取りが起こる過程を，ベルクソンは身体
による「分節」(discernement) と名付ける．ベルクソンはこの分節を「すでに
精神を告げる，何か積極的なもの」(MM, 35 [188]) として肯定的に捉えている．
なぜ切り取るところに「積極的」なものが見出せるのだろうか．それは，イ
マージュの全体から一つのイマージュを切り取った時点で，何らかの選択が生
じているからである．ここで言う「選択」とは，意志的に何かを選ぶという意
味での選択ではない．むしろ，言語以前の身体的な次元における選択である．

身体的次元における「分節」に関して，ここで『物質と記憶』で述べられる
二つの種類の記憶について言及しておこう．なぜなら，そこでは知覚における
記憶と，通常考えられる意味での記憶の区別が行われ，身体的次元における
「分節」という問いが，前者の記憶の問題に収斂しているからである．[13]

感覚的質の「主観性」は，とりわけ，記憶が行うところの，実在の一種の

収縮から成立している．想起という布地で，直接的知覚の基盤を覆う記憶，多くの瞬間を凝縮させる記憶，という二つの形式を持つ記憶は，知覚において個人的意識に重要な貢献をし，私たちが事物を認識する際の主観的側面を形成する．（MM, 31 [184]）【引用 1】

ここでベルクソンは二種類の「記憶」の区別を行っている．まず，「想起という布地で，直接的知覚の基盤を覆う記憶」である．これは現在の知覚に重なる記憶のことであり，過去の行為を参照しながら，現在の行動を有効に行うために働く記憶のことである．[14] 他方は「多くの瞬間を凝縮させる記憶」であり，一つの知覚が生じるために働く記憶のことをいう．例えば，一瞬の赤色の知覚が生じるまでには，四百兆もの物質の振動が保持される必要がある（MM, 230 [340]）．無数の物質的振動を，一瞬の赤色の知覚に凝縮させる働きを，人間の身体は持っている．もし，赤色の知覚が生じる過程において，物質の振動の最初の瞬間から最後の瞬間までが保存されることがなければ，赤という知覚が生じることはない．というのも，身体に過去の物質の振動を保持する「記憶」の働きがなければ，存在するのは単に，四百兆分の一の各々の物質の振動に過ぎないからである．無機物に過去の瞬間を現在へ統合する働きは存在しない．赤という知覚は，過去の物質の振動を記憶し現在の瞬間へと統合する，身体的次元における「持続」の働きによって成立している．

「知覚はどんなに短いものであっても，ある種の持続を占めており，結果として，多くの瞬間を互いに陥入させ引き延ばす，記憶の努力を必要とする」（MM, 30-31 [184]）．ここには「持続」と「記憶」，そして「知覚」という三項の深い結びつきが見られる．「記憶の努力」とは，赤という知覚が生じるために，物質の振動の最初から最後までが保存されることをいう．[15] 繰り返すが，それは意志的な努力ではなく，身体的な次元における「記憶の努力」である．赤色の知覚が生じるには過去の物質的振動を保持する「記憶」の働きが不可欠で

あり，その過程の最終的な結果として，赤という知覚が成立する．生産物としてのこの知覚は，メルロ-ポンティの表現を借りるならば，「持続するある仕方に他ならないメロディーのような，諸存在，諸構造」（BF, 241）である．言い換えると，赤という「持続するある仕方」で存在する赤という「存在」ないしは「構造」がある．過去の各瞬間を継起させる働き（持続）と，過去の諸瞬間を保持する働き（記憶）の両者が相まって，赤という「持続するある仕方」が成立する．ただ，ベルクソンの議論の枠組みでは，ここで成立する知覚は，過去の想起を取り除いた「純粋知覚」であり，実際に現実で生じている知覚とは異なるものである．現実の知覚においては，現在の行動の要請に従って過去の想起が動員されているのであり，ベルクソンは「想起─イマージュ」という概念に言及しながら，これを次のように表現している．

> 知覚は，現前する対象との，精神の単なる接触では決してない．知覚は，それを解釈しながら完全なものとする，想起─イマージュによって満たされている．想起─イマージュには，物質化しつつある「純粋想起」と具体化しつつある知覚が参与している．想起─イマージュは生まれつつある知覚として定義される．（MM, 147 [276]）

「知覚」と「想起─イマージュ」の間にある差異と同質性にベルクソンは言及している．現在の「知覚」とは「イマージュの全体」からの「選択」である一方で（MM, 257 [360]），「想起─イマージュ」には「純粋想起」と「具体化しつつある知覚」が参与している．「想起─イマージュ」に「純粋想起」と「具体化しつつある知覚」が参与しているとは，具体的にどういう事態を指すのか．「純粋想起」とは，現在の行動に役立つことのない，潜在的な状態に留まる過去の想起のことである．例えば，1か月前にルーブル美術館に行ったという想起は，現在の行動に役立つことがない限り通常思い出されることがなく，潜在的な状態に留まっている．この潜在的な状態にある想起がベルクソンの言

う「純粋想起」である．一方，「具体化しつつある知覚」とは，現在の瞬間からの実用的要請に従って現実化しつつある想起を伴う，動的で活動的な知覚のことである．例えば，「1 か月前にルーブル美術館に行った」という過去の想起は，現在この文章を書くために動員されている．純粋想起は現実的な行動の必要に沿って，潜在的な状態から顕在的なそれへと移行する．この動的な想起を伴う現在の知覚が，「具体化しつつある知覚」である．上記の二点を含んだ概念が「想起―イマージュ」と呼ばれるのであり，それは同時に「生まれつつある知覚」として定義されている．

　「純粋想起」は，思い出という意味合いでの，過去の想起としてしか捉えられないのだろうか．『物質と記憶』では，現在の瞬間に過去の全体が入り込んでいるとベルクソンは考えるが，ここで先に挙げた【引用 1】を思い出そう．そこでは，過去の全体が現在の瞬間へ収縮する過程とともに，知覚において，物質の無数の瞬間が収縮する過程が想定されていた．一つ一つの思い出を「純粋想起」と捉えることが出来るならば，物質の各々の振動も，知覚との関連から見た「純粋想起」として捉えることが可能である．すなわち，過去の想起の全体が現在の瞬間のうちに入り込んでいるように，無数の物質的振動を統合した全体が，現在の一瞬の知覚のうちに凝縮している．

　また，上記の【引用 1】において，ベルクソンは無数の振動が一瞬の知覚に凝縮する過程から「主観性」が生じると述べている．以下「主観性」という言葉を用いるときは，対象を把握する際の「質感」という意味で用いることにしよう．ある風景の知覚は身体の「分節」によって生じる．例えば，赤色のバラを認識することは，「イマージュの全体」からバラのイマージュが切り取られることである．赤い花弁の像は，上記で述べた物質の無数の瞬間の凝縮から成り立っており，赤い花弁の認識が生じる瞬間に，質感としての「主観性」が成立する．バラの認識が生じる際には，意識的な次元での主観性とは異なる，身体的次元での「主観性」が含まれている．対象を認識するとは，デカルト的な

意味での主観が客観物としての対象を認識するのではない．むしろ，事後的な知的分析によって主観と客観に分かれる以前の，身体的次元において対象を把握することである．知覚における根源的認識は，すでに質感としての「主観性」の色合いを持っている．

　無数の物質的振動という，知覚的次元における多くの「純粋想起」が凝縮した結果，身体的レベルでの「主観性」が生じ，それが私たちの認識を根源から色付けている．これが先ほど論じた「生まれつつある知覚」であり，メルロ-ポンティの言う「持続するある仕方に他ならないメロディのような，諸存在，諸構造」（BF, 241）の真の意味である．すなわち，メルロ-ポンティの言う「持続する仕方」から生じる「存在」ないしは「構造」とは，固定化した対象の側面を示しているのではなく，むしろ生き生きと生成する知覚の現場を捉えた概念である．ベルクソン自身はこの動的な知覚像を「外的実在」と名付けている．

　　精神に直接的に与えられた「外的実在」がある．（中略）この実在は動性
　　（mobilité）である．出来合いの事物ではない，ただ生成するものだけが存
　　在している．保持された状態ではなく，変化する状態だけがある．（中略）
　　傾向を生まれつつある状態に向かう変化であると呼ぶのがふさわしいなら
　　ば，あらゆる実在とはそれゆえ傾向のことである．（IM, 211 [1420]）

　「外的実在」とは，対象のこの動的側面，すなわち事物が生成変化する瞬間そのものを表現する概念である．時間的持続そのものから生じ，「主観的」な色合いを持つ対象の知覚像は，次の変化へと向かおうとする「傾向」として捉えられる．このときに生じている知覚像は，単なる物体として把握された対象ではなく，言語的な経験以前の段階で構築される「主観性」と切り離して捉えられない．このような，時間的持続を含む「動性」であり「主観性」でもあるような対象の知覚像を，ベルクソンは「外的実在」と呼んでいる．

　なお，【引用1】における二種類の記憶の区分に関して，『物質と記憶』では

知覚を覆う過去の想起の側に関する考察が続く章で展開されている[17]. 上記で述べた「知覚における記憶」という側面は,『物質と記憶』のみならず, そして他の著作においてもそれ以上発展させられていない[18]. したがって, 次節では, ベルクソンがそれ以上発展させていない知覚における記憶という観点を, 美学的見地に結びつけて考察し, 書かれなかったベルクソン美学の一端を探ることにしたい. すなわち, 上記で検討した「外的実在」の特徴を,『笑い』第三章における芸術家の認識を取り上げながら, 実生活への「有用性」という観点とともに検討していく.

1.3　『笑い』における芸術論

　本節の考察を始めるにあたり, ベルクソンの芸術論を理解するための補助線として, ロラン・バルトの「作者の死」という論文を検討する. ここで示される考察は, 後に検討するベルクソン美学と共通する思考構造を含んでいるからである. バルトはギリシャ悲劇を構成する両義的な本質について, J・P・ヴェルナンの研究を取り上げながら, 次のように述べている.

> [ギリシャ悲劇における] テクストでは, 語が二重の意味で織られている. それぞれの登場人物は, 一面的にテクストを理解する (この終わりのない誤解が, まさに「悲劇」である). しかし, それぞれの語の二重性を理解する誰か, さらに言えば, その前で話す登場人物たちの耳の悪さでさえ理解する誰かがいる. この誰かとは, まさに読者 (ここでは聴衆) である. (MA, 45)

　バルトによれば, ギリシャ悲劇のテクストは, 一方に演劇中の登場人物たち, 他方に劇を鑑賞する観客という二重構造から構成されている. 劇中の登場人物

たちは，自分が観衆から見られていることを知らず，まさに今私たちが生きているような仕方で，劇中の現実を生きている．つまり，現実の状況を「一面的に」理解している．一方で，私たち観衆は，劇の人物たちの行動を観察しつつも，それが劇中での現実でしかないことを知っている．例えばオイディプスは，自分の行動の持つ意味を，彼自身が行動を行っている時点ではまだ知らない．彼は状況を一面的に捉えている．一方で，観客はオイディプスの行動の意味，例えば彼がデルフォイに出向く途中で，ある人物を殺害することの意味を，その劇を鑑賞する最中であれ，すでに理解している．ここにテクストの「二重性」がある．つまり，オイディプスは劇の現実のみを生きているのに対して，観客はオイディプスが生きる現実を観察するとともに，劇に現れる本人が知らないことも理解しているという，より俯瞰的な立場にいる．このような二重性がギリシャ悲劇のテクストにはある．

　上記の考察には，ベルクソン美学における「実在」を検討するための，重要な示唆が含まれている．なぜなら，ベルクソン美学においては，芸術作品で示される「実在」の認識過程に，上記と同様の二重構造が前提とされるからである．私たちが生活する中で，特定の観点を離れて，対象や出来事の姿を捉えることは稀である．例えばリンゴは，その栄養価など，生活への有用性という観点からしか認識されず，形や色彩の美が，そのあるがままの姿で捉えられることは少ない．また，ある出来事が起こったとしても，私たちは日常生活を送る中で，その出来事を省みることもないまま忘却する．私たちは大抵の場合，現実生活という「一面性」のなかで日常を送っている．

　しかし，現実生活の「二重性」を認識する人々がいる．それが芸術家である．彼らは，現実生活を送るなかで見過ごされる，対象や事柄のあるがままの姿を，作品を通じて鑑賞者に認識させる．芸術家はバルトがいう「観衆」の位置にいる．なぜなら，彼らは日常生活という一面だけではなく，対象の本来の姿をも把握する二重の認識を有しているからである．実生活のなかで一面的になって

いる私たちの認識は，芸術家が生み出す作品を通じて，その二重性に気付かされる．このように，バルトのギリシャ悲劇の分析の構造は，ベルクソン美学における対象認識の二重性と共鳴する部分がある．

『笑い』の第三章で，ベルクソンは芸術一般について論じている．そこでベルクソンは芸術作品が何を表現しているのかという問題に取り組んでいる．ベルクソン美学の文脈では，対象の「実在」の表現は，「実生活に向けられた注意」およびそこからの「離脱」（détachement）という観点から扱われる．

> 自然と私たちの間には，いや，何と言えばよいか，私たちと私たちに固有な意識の間には，一つのヴェールが介在している．大多数の人間にとっては厚いヴェールであり，芸術家や詩人にとっては薄く，ほとんど透明なヴェールである．（中略）人は生活していく必要があった．そして，生命は私たちが必要とするものを，私たちの要求との関係において捉えることを求めている．生活することは行動することである．生活すること，それは適切な反応によって，対象を有用な印象においてだけ受け入れることである．他の印象は暗くされなければならず，漠然としか私たちには至らない．
> (Rire, 115 [459])

注目しなければならないのは，『物質と記憶』においても見られる「生活への注意」（l'attention à la vie）という視点[19]がヴェールとして扱われ，それが私たちと私たちの意識の間にかかっているという点である．単に，私たちの外部に位置する「自然」と，それを眺める私たちの間に，有用性のヴェールがかかっているだけではない．このヴェールは精神の内部においても，その厚みを増しているとベルクソンはいう．対象を眺める主体と客観的事物（自然）の間にヴェールが介入し，対象の真の認識が妨げられているという事態ならば，理解しやすい．しかし，自分自身の精神の内側において，対象の真の認識が妨げられているとは，いかなる事態を指すのだろうか．

結論だけ先に述べておこう．「外的実在」の真の認識とは，時間的持続の働きによって構成された知覚像（身体性）を，その質感を変化させることなく把握する，自己の内的認識のことをいう．身体的次元において構成される知覚像（実在）の質は常に変わらないとしても，それが有用性という観点（ヴェール）を通して眺められると，「実在」を捉える内的視点の質が変化し，対象を空間化し把握する結果となる．これが，自己とそれを眺める意識の間に「ヴェール」がかかるという事態の意味するところである．

　対象を眺める内的視点には，次の二つの種類を見出すことが出来る．一方は対象のあるがままの姿（実在）を把握する視点，他方は，それが有用であるか否かという観点から「実在」を客体化し，空間化された事物として目の前に立てる視点である．生きていくために必要な実用的な観点が，対象の「実在」の認識そのものに深く影響を与える．人間は生活し生き続けていかなければならず，実用的な認識が常態となっているが，ときに「自然」は，実用性に向けられた認識から「離脱」した認識を持つ芸術家という存在を生み出し，覆い隠された対象の「本性」ないしは「実在」が芸術作品を通して示されるとベルクソンは言う．

　　時々，放心によって，自然は生活から切り離された魂を生み出す．私は反省や哲学の仕事である，意志され，熟慮され，体系的な離脱について話しているのではない．自然の離脱，すなわち感覚や意識に生得的な離脱のことを言っているのである．それはけがれなく見たり，聞いたり，考えたりする仕方によって，直ちに現れる離脱のことである．（Rire, 118 [461]）

「生活から切り離された魂」としての芸術家の認識とは，意識や感覚に生得的に備わる「離脱」を伴うものであるが，それは意志的に熟慮された認識ではない．意志や熟慮によって構築される体系的な思考は，人間の理性が構築する側面を持っている．例えば，ヘーゲルが構築した弁証法の体系は，彼の理性の

力によって成し遂げられた成果であるが，ベルクソンが想定する真の「離脱」とは異なる．「感覚や意識に生得的」に生じる「離脱」とは，意志的に遂行できる行為ではなく，あくまで「自然」に身を任せるという受動的な仕方で実現する状態である．言い換えると，実生活への有用性を離れた「離脱」を伴う認識は，芸術家の意志的努力によって獲得される認識ではなく，「自然」が与えた恩恵としての認識である[20]．ただ，ベルクソン美学における芸術家は，自然から啓示を受け，それを作品を通して表現する媒介者としての役割を担っているという解釈は正確ではない．作品の制作が行われる際には，人間の側からの「努力」も同時に存在している．

「ラヴェッソンの業績と生涯」においてベルクソンは，「眼のヴィジョンを精神のヴィジョンによって継続させ，心的ヴィジョンの力強い努力によって，事物の物質的外被を突き破り，肉眼では見えないが，事物が展開し顕示する定式（formule）を読みに行く」（LR, 258 [1454]）と述べている．ベルクソンが芸術を論じる際に念頭にあるのは，多くの場合が画家である．それゆえここでは「眼のヴィジョン」と書かれている．芸術作品の創作現場においては，単に身体的な次元で構成される知覚（眼のヴィジョン）が，芸術家を通してキャンバス上に表現されるのではない．「事物が展開し顕示する定式」としての知覚像を，芸術家が「心的ヴィジョンの努力」によって主体的に「読む」必要がある．対象を実用的な観点から眺める傾向は人間の常態であり，芸術家といえどもその傾向を避けることはできない．しかし「事物」を空間化・客体化して捉える有用性の傾向を遡り，芸術家は「外的実在」としての「事物が展開し顕示する定式」を，そのあるがままの姿で把握しようとする[21]．そして自然の「定式」を読む努力とともに，芸術家は作品を通して対象の「内的生命」ないしは「本性」を私たちに示す．

　事物の内的生命が，芸術家が用いる形や色彩を通して現れてくる．彼はそ

れを少しずつ，最初は乱れていた私たちの知覚のうちに入り込ませる．少なくともある瞬間においては，彼は形と色彩の偏りから私たちを解き放つだろう．この偏りは，私たちの眼と実在との間に介在していたものである．そして，彼はこうして芸術の最高の希望を実現するだろう．それは私たちに［事物の］本性を示すことである．(Rire, 119 [461])

　ここで問題となっているのが，芸術作品を眺める鑑賞者の立場であることに注意しよう．実生活へ向けられた有用性という「偏り」を取り除き，芸術家は作品を通して鑑賞者に事物の「内的生命」を提示する．ここでは「偏り」が「形や色彩」として示されている．認識上の「偏り」が，「形や色彩」として現れているとは，どういうことか．各々の対象が持つ色彩は，例えばリンゴであれば，その色合いが果実の熟した度合いを示している．店頭で売られる果実は形の整ったものであり，それはたしかに美的観点から捉えられてはいるが，選別という有用性のヴェールを通して見られたリンゴの姿である．一度選別を受けた後は，そのリンゴの形が振り返られることはない．芸術家は，このような実生活へ向けられた実用的な認識の傾向を遡及し，作品を通して鑑賞者に事物の「内的生命」を示す．

　ただ，単に実用的な観点を離れさえすれば，鑑賞者に自動的に対象の「実在」が現れるわけではない．何気なく絵画の前に立ちすくんでいても，作品が開示する力を感じることはできない．芸術家に「事物の定式」を読む努力が必須であるように，鑑賞者においても，自らの知覚に現れる，作品で示される事物の「内的生命」を読み取る努力が必要である．言い換えると，作品を眺める鑑賞者においても，時間的持続のなかで構成された，自らの知覚像そのものを眺める自己認識が問題となる．鑑賞者の眼前に芸術作品が存在し，それを主体としての鑑賞者が眺めるという二元的な構図は，ベルクソン美学においては退けられなければならない．そうではなく，芸術家において対象の「実在」の認

識が，自己の知覚に現れる視覚像を把握する自己認識でもあるように，芸術鑑
賞の場面においても，鑑賞者自らの意識に与えられた知覚像を，主体的に把握
する自己認識が問題となる．そこでは主体／客体という構図が問題となるので
はない．

　芸術家においては，有用性のヴェール自体が透明になり，対象の「実在」へ
の認識が開かれているが，多くの鑑賞者は実用的なヴェールを纏いながら作品
に向き合っている．しかし作品を誠実に眺めるなかで，このヴェールは次第に
取り除かれ，画家のヴィジョンが鑑賞者に共有される．何がこのヴェールを取
り除くのだろうか．それは作品の中に宿る，芸術家が対象を誠実に認識しよう
とした「努力」そのものであるとベルクソンは言う[22]．対象の真の「実在」を，
内的努力とともに眺めた，芸術家各々の努力が，作品内部に宿る力として鑑賞
者に感じられ，有用性のヴェールを破りながら，芸術家の見たヴィジョンを鑑
賞者に伝える．

　上記の考察を踏まえて，これまで議論してきた「持続」，「記憶」，そして
「実在」の三項の関係を示すことにしよう．一つの知覚が生じる過程において
は，無数の物質の振動が身体的次元において保持される．上村はこれを，ベル
クソンは「潜勢態よりも，また現勢態よりも，力動的な過程こそを，優れて実
在である，とする」[23]と述べ，ベルクソン美学における「実在」を，一つの知覚
像が成立する過程そのものに想定している．しかし上村はそれだけでなく，そ
こに『物質と記憶』で語られる「純粋想起」，すなわち「過去の全体」が入り
こんだ知覚が「実在」であるとも述べている[24]．本書では想起の全体が現在の知
覚に現れているという立場を取らない．むしろ上記で論じた，時間的な持続を
含む，身体的レベルにおいて構成された知覚像に，過去の記憶が選択的に介入
するとする立場を取る．なぜなら，芸術作品の制作においても，過去の巨匠の
「型」を参考に芸術家は作品制作を行っているはずであり[25]，それは過去の記憶
を選択的に用いることに等しいからである．ベルクソンは「外的実在」を「生

まれつつある状態」としての，事物の「動性」ないしは「傾向性」として定義している（IM, 211 [1420]）．しかし，実際の経験の場面においては，このような純粋「実在」が存在するのではなく，必ず何らかの過去の経験が参照されているはずである．それは過去の想起全体という漠然とした全体ではなく，現在の行動に有効な記憶である必要がある．その意味で，対象の「実在」ないしは「内的生命」の真の姿は，次の状態へ移り変わろうとする事物を把握する際の，まさにその瞬間の精神の「傾向性」に加えて，選択的に回帰する想起を含めたものでなければならないだろう．

1.4　「ラヴェッソンの生涯と業績」における美と神の関係

　本節では，「美」と「神」の関係について検討する．なぜ「美」と「神」の関係を考察する必要があるのか．最初にこの点を明示しておこう．ベルクソン美学においては，両者が自らを人間に向かい投げ出すという意味で，「美」と「神」が同じ次元で捉えられるのに対して，小林においては「神」からの啓示を読み解くというその神学的側面を外して，ベルクソン美学を受容しているという特徴がある．先取りして述べておくと，小林は，ベルクソン美学において重要な位置づけを担っているはずの美と神の問題を扱っていない．そのため，ベルクソン美学における「美」と「神」に関する議論を辿りつつ，なぜ小林が自らの芸術論において美と神の問題を扱っていないのかという点を考えることが，小林の芸術批評を解釈する上で必要な作業となる．そこで本節において，「美」と「神」の関係を検討することが必須なのである．

　「ラヴェッソンの生涯と業績」では，フランスの哲学者ラヴェッソンの仕事が紹介されるとともに，ラヴェッソンを通してベルクソン自身の思想が述べら

れている．この論文は最初 1904 年に人文・社会科学アカデミーの『報告』に掲載され，1932 年にドゥヴィヴェーズが刊行した『フェリックス・ラヴェッソン　遺稿と断片』に序文として採録された[26]．ラヴェッソンはベルクソンの師である．ラヴェッソンはフランス・スピリチュアリスムの系譜に属しており，ベルクソンもその流れを汲んでいる．ラランドの『哲学用語辞典』によれば，フランス・スピリチュアリスムとは，「精神，いいかえれば意識的思惟の独立性と優位を承認するあらゆる学説」[27]，すなわち精神の反省が物質より優位にあるとする立場である．ベルクソンにおける芸術論では，例えば「ラヴェッソンの生涯と業績」にある次の一節に，フランス・スピリチュアリスムの特徴が読み取れる．

> 真の芸術は，モデルの個性の表現を目指している．そのために，その芸術は眼に見える線の背後に眼に見えない運動を探しに行く．また，運動そのものの背後により秘められた何か，すなわち根源的な意図，個人の根本的な息吹，形と色彩の限りない豊かさに釣り合う単純な思想を探しに行くのである．（LR, 265 [1460]）

ここで例として用いられているのは肖像画である．キャンバス上に現れる形態や色彩の背後に，「人間の根源的な欲望」や「単純な思想」という精神的要素が想定され，真の芸術家が見抜くのは，モデルに宿るこの根源的な一点である．ここには精神的反省が物質的要素を乗り越えていく過程が読み取れる．この点を踏まえながら，「美」と「神」の関係を分析してみよう．

> 美しい形を描く運動が何であるかと問うと，それは優雅な運動であるということがわかる．レオナルド・ダ・ヴィンチは，美とは固定された優雅さであると述べている．したがって問題は，優雅さが何から成り立っているのかを知ることにある．（中略）芸術家の目で宇宙を観照する人にとって，

美を通して読み取れるものは優雅さであり，優雅さの下に透けて見えるも
　　のは善意である．全てのものは，その形が記録する運動のうちで，自らを
　　投げ出す原理の限りない寛容性を示している．また，運動に見られる魅力
　　と神の善意の特徴である自由な行為を，同じ名前で呼ぶのは間違いではな
　　い．優雅さという二つの言葉の意味は，ラヴェッソンにとって一つのもの
　　である．（LR, 280 [1472]）

　ベルクソンはラヴェッソンではなく自分自身の思想を語っており，それはラ
ヴェッソン自身の思想ではないという批判がある．引用箇所の検討に入る前に，
この点について触れておこう．「ラヴェッソンの生涯と業績」の原注1でベルク
ソンは次のように述べている．

　　本稿が掲載された叢書の，刊行委員会の一員であるジャック・シュヴァリ
　　エは，次のように前置きを書いている．「著者は最初これにいくつかの手
　　直しを行おうと考えていた．次に，それはいくらか『ベルクソン化』した
　　ラヴェッソンであるという，その時の非難にまだ晒されているが，著者は
　　そのまま採録する決心をした．しかし，ベルクソンは，おそらくそれが主
　　題を引き継ぎながら明らかにする唯一の方法であった，と付け加えてい
　　る」．（LR, 253 [1450]）

　シュヴァリエに語ったところによると，ベルクソンは「ベルクソン化」した
ラヴェッソンであるという非難を承知の上で，「ラヴェッソンの生涯と業績」
を採録にするに至った．同様の見解はシュヴァリエの『ベルクソンとの対話』
においても表明されており，ベルクソンはラヴェッソンの思想を自身の考えを
通して解釈しているという非難を受け入れていると言える．「ラヴェッソンの
生涯と業績」が収録されている『思考と動き』の訳者の原も，「訳者あとがき」
で「ここに語られたラヴェッソンの芸術観は美学を書かなかったベルクソン自

身の考えであると言ってよいと思う」(『思想と動き』, 421 頁) と述べている. 以
上の理由から, ベルクソンのラヴェッソン論は, ラヴェッソンを論じると同時
に, ベルクソン自身の思想が表明されていると仮定できる.

　先ほどの引用箇所を検討してみよう. ベルクソンは「優雅さ」と「神の善
意」という, 一見すると異なる位相に置かれる芸術と宗教的原理の共通性を指
摘している. 上記の引用で想定される芸術のジャンルは何であろうか. そこで
ベルクソンは「美しい形を描く運動」そして「作品として固定された美」の二
つを挙げている. 『意識に直接与えられたものについての試論』のなかで, ベ
ルクソンは同じく優雅さの感情について論じており, 来たる運動を予期できる
ところ (「美しい形を描く運動」) に, ダンスにおける優雅さを認めている. 「作品
として固定された美」には, 絵画や彫刻を挙げることが出来るだろうが, ここ
言われる「固定」とは, 美を物体としての作品に固定化するという意味ではな
い. 美は必然的に物質を介して表現される必要があるが, 作品の物質的要素の
背後に, 時間的持続からなる動的実在としての美が読み取れるという, 「精神」
的な側面に焦点を当てて解釈する必要がある.

　さらに, 上記の引用部分でベルクソンは, 優雅さとして現れる美の背後に,
神の働きを想定している. ここでは, 美として顕現する神の働きは, 世界の彼
岸から此岸を眺める超越的な力としてはなく, この世界の内において自らを投
げ出す, 内在的超越とも呼ぶべき力として考えられている. ベルクソンは美学
についての著作を書かなかったので, ベルクソンが美と神の関係について言及
した箇所は, 全ての著作を通じて上記の引用箇所にしか見られない. しかし,
内在的な優雅さとして顕現する美に, ベルクソンが一種の神の啓示を見出して
いることは明らかである.

　「ラヴェッソンの生涯と業績」は 1904 年に雑誌に発表されたものであり,
それはベルクソンが第三の著書『笑い』を刊行した翌年にあたる. また,
1934 年の『思想と動き』への再掲にあたり, 最初に掲載された論文からの修

正はほとんど見られない.²⁸ つまり,「ラヴェッソンの生涯と業績」における芸術観は,『笑い』の第3章で論じられる芸術論と同時期に書かれたものである.したがって,これら二つの著作の芸術論は同列に並べて考察することが可能である.すなわち,『笑い』に見られる芸術論に,「ラヴェッソンの生涯と業績」で語られる内容を結びつける試みを行うことが出来るのである.

　『笑い』と「ラヴェッソンの生涯と業績」の立場を組み合わせてみよう.「ラヴェッソンの生涯と業績」における表現を用いると,「美」は常に「自らを投げ出す原理の限りない寛容」とともに「神の善意の特徴である気前のよさ」を示している.しかし日常的経験における認識は,実用的な観点によってその範囲が狭められているため,贈与としての「神の善意」を見過ごしている.言い換えれば,ある対象が世界に存在し知覚に現前している時点で,そこにはすでに神の意図が顕現しているのであるが,実生活へ向けられた注意が神の啓示を全面的に覆ってしまう.

　上記の内容を言い換えよう.人間の意識から対象へ向かう志向性には,二つの特徴を見出すことが出来る.一つは,実生活に向けられた「ヴェール」が取り除かれ,神の意図を把握する認識である.他方は,ヴェールの介在によって,対象を有用性という観点から眺める認識である.志向性の質が前者から後者のそれに変化する原因は,実生活へ向けられる注意の存在である.形態や色彩を通して神の啓示が常に人間に現前している一方,有用性という観点によって意識が対象を捉える眼差しの質が変化し,人間から神へと向かう方向性が必ずしも成立しなくなる.芸術家における「離脱」とは,知覚を覆い隠しその認識を不透明にするヴェールが,「自然」の働きそのものによって取り除かれる事態を指す.その結果,神の啓示をその背後に含意する,時間的持続から生じる「実在」を,作品を通して鑑賞者に顕示することが出来る.ここに『笑い』と「ラヴェッソンの生涯と業績」を結び付けた,ベルクソン美学の特徴がある.

　最後に上記の議論と比較した小林秀雄の立場を見ておこう.小林はベルクソ

ンから影響を受けているとはいえ，彼はベルクソンの神学的美学を，そのまま
の形で採用していない．小林がこの議論をあるがままの形で採用しなかった理
由は，その神学的要素が，小林が展開したかった美学の構想と何らかの部分で
相いれなかったからである．その点はどこにあるのか．小林は数学者岡潔
(1901-1978) との対談「人間の建設」のなかで，岡が「外国のものはあるとこ
ろから先はどうしてもわからないものがあります」(『小林秀雄全作品 25』210 頁)
と述べたのに対して，小林は「同感はするが，そう言うことがありますね．だ
いいちキリスト教というものが私にはわからないのです」(前掲書) と答えてい
る．この小林の発言はドストエフスキーに関する対談の際に述べられたもので
あるが，ベルクソンと小林の芸術論を比較検討する上で，決定的な点を含んで
いる．

　ベルクソンの議論の枠組みでは，神の啓示の認識を阻むヴェールを取り外す
とともに，芸術家が「心的ヴィジョンの努力」とともに「事物が展開し顕示す
る定式」を「読む」ことが必須である．しかし，ここで言う「読む」とは，上
村が言う，「過去の全体」を現在の知覚のなかに取り込むための知的努力ない
しは意志ではない．それは時間的持続を通して構築される「外的実在」を把握
する際の，有用性のヴェールを介さず対象を認識する志向性の「努力」のこと
をいう．キリスト教の文脈において，あらゆる事物は創造者としての神によっ
て創られた被造物である．しかしキリスト者ではない小林は，この文脈を必ず
しも共有する必要はなく，したがって創造者としての神という前提は必須のも
のではない．それゆえ，芸術家が自らの力で創造を行うという方向性において，
小林は自身の芸術論を展開する必要がある．小林は 1957 年に発表した「感
想」という小論で，人間の心について次のように述べている．「人間の心は，
到底人間の手に合う様な実在ではないという体験が，神という影を生んだとす
るなら，この影を消してみたら，人間の手に合う人間の心しか残らなかったと
いう事になる」(『小林秀雄全作品 21』269 頁)．ここには小林の考えの特徴がよく

現れている．すなわち，小林にとって，「神」とは「人間の手」に合わないところから生まれる一種の「影」のようなものであり，それを消したところに「人間の手に合う様な実在」だけが残る．ここには小林が実際に「体験」や「感得」したもの，すなわち「人間の手に合う人間の心」によって生み出されたものに基づいて思索や批評を行う姿勢が読み取れ，この点にこそ，小林批評の最も重要な特徴がある．

　第2章ではここまで行ってきたベルクソン美学の考察を踏まえ，小林が受容したベルクソン美学が，いかに彼の批評する作品解釈に生かされているのかを，彼の批評を読み解きながら解明していくことにしよう．

小林批評における「信じる」行為と主体的創造

ベルクソン美学が最終的に神学的なテーマを問題としているのと異なり，小林は「意識に直接与えられたもの」という観点をベルクソンから継承しながらも，ベルクソン神学的美学という文脈を外して，「人間の手に合う様な実在」を基盤とした美学思想を構築している．第 2 章では小林のランボー論とセザンヌ論を取り上げ，ベルクソンにおいては神の善意が人間に向かって自らを投げ出す方向性，およびその定式を読みに行く芸術家の主体的努力という，双方の流れが一致していることが必須であったが，小林批評では神からの啓示という側面が取り払われ，芸術家個々人が主体的創造を行うとともに，その場面で「祈祷者」や「信仰」といった，宗教的言葉が強調され用いられている点を明らかにする．

2.1　小林のランボー批評における主体的創造性

　1871 年 5 月 15 日に「千里眼の手紙」と呼ばれる書簡を，ランボーは友人のポール・デメニーに送った．この書簡には「人間を超えた力」や日常的感覚を極限まで延長し使用することなど，詩作における非日常的な要素への言及が見られ，ベルクソン神学的美学とは異なるが，詩作には超越的要素の介入が必須のものであることが確認できる．ランボーは次のように述べている．

　　詩人はあらゆる感覚の，長く，とてつもない，合理的な乱用によって，千里眼になる．彼は自己自身を追究し，その精髄だけを保存するために，あらゆる愛情や苦悩，そして狂気の形式，自身のうちのあらゆる毒を汲み尽

くす．あらゆる信仰や人間の力を超えた力を必要とし，すべての人の間で，
偉大な病者，犯罪者，呪われたもの——そして至高の知恵者——になると
ころに，筆舌に尽くしがたい苦しみがある．なぜなら，彼は未知のものに
至るからだ！　彼はすでに他のものよりも豊かな自身の魂を耕した．彼は
未知のものに至る．そしてよろめき，知性のヴィジョンを失うことになる．
彼は見たものは見たのである．無数の未知の物事によって彼は跳ね飛ばさ
れ，死に至る．他の恐るべき労働者がやって来るだろう．彼らは他のもの
が倒れた地平から仕事を始めるだろう．（*Œuvres completes*, p. 344）

　この書簡で重要となるキーワードは，「あらゆる感覚の乱用」，「人間の力を
超えた力」そして「未知のもの」である．「あらゆる感覚の乱用」とは何であ
ろうか．ベルクソン美学の文脈でそうであったように，諸感覚は日常生活で習
慣的となった特定の使用に順化され，その使用可能性は極限まで行くことがな
い．感覚は日常的反復の次元にその使用範囲が制限されている．
　一方，詩人はその制約された諸感覚の範囲を，「感覚の乱用」によって乗り
越え，日常性の彼方にある「未知のもの」に至ろうとする．ベルクソン美学で
は有用性のヴェールが「自然」の働きによって取り除かれ，日常の枠組みを超
えた認識が可能になるとされたが，詩人における「感覚の乱用」においては，
ベルクソン美学と同様の事態が生じているのだろうか．「乱用」という言葉の
主語は，感覚を極限まで延長させようとする人間の意識であると言えるが，人
間を超越した存在の働きが介入することによって，感覚の乱用が生じるという
事態を想定することができる．すなわち，自らの意識の外で何らかの超越的な
力（人間を越えたあらゆる力）が働き，その結果，日常性の枠組みにその使用が制
限されていた知覚が，世界を眺める本来の視点を取り戻す（乱用）という事態
が想定できる．「感覚の乱用」という言葉には，感覚を日常性の彼方へ延長す
る詩人の主体的な努力とともに，通常の感覚の使用を超えた働きを導く，超越

的な力の介入という意味が含まれている．神の啓示を主体的な「努力」とともに把握するという，ベルクソン美学に見られるのと同様の構造が，ランボーの詩作活動の根底にも横たわっている．

　それに対して小林は，「詩人の宝は，自ら体験したもの感得したものだけだ」（『小林秀雄全作品 別巻 1』21-22 頁）と述べながら，詩人が新たな言葉の組み合わせとともに詩的創作を主体的に行う点を強調している．

> 体験したもの感得したものは，言葉では言い難いものだ．という事は，事物を正直に経験するとは，通常の言葉が，これに衝突して死ぬという意識を持つ事に他ならず，だからこそ，詩人は，一ったん言葉を，生ま生ましい経験の内に解消し，其処から，新たに言葉を発明することを強いられる．（前掲書，21 頁）

　真に「体験し感得したもの」には，言葉の日常的使用を超えた何かがあると小林は言う．通常の経験を形作る言語使用以前の段階でその何かは経験され，「新たに言葉を発明」[30]しない限りその表象が不可能な，それでいて詩人に主体的表現の努力を強いる生々しい強制力をその何かは有している．「新たな言葉の発明」に類似した表現はランボーの書簡においても見出すことが出来るが，[31]そこに小林の言う「新たな言葉の発明を強いられ」ているという内容は見当たらない．それゆえ，小林独自の解釈として，ランボーという個人を超えた何かが彼の意識を襲い，それが強制された未知の問いとして，新たな言葉の組み合わせとともに，詩人に主体的な表現を強いるという点を挙げることが出来る．上記で検討したランボー自身の書簡では，詩作の現場における超越的な力の必要性が語られていたが，小林は強いられた問いに芸術的表現を与えるために，詩人自らが言葉を構成する主体的側面を強調する．この主体的姿勢に「祈祷者の眼」という宗教的態度が現れる．次に「祈祷者」という宗教者の姿勢から小林のランボー論を検討し，詩作現場における主体的で構築的な側面を，宗教的

な創作態度に接続して，小林批評の特徴をさらに追究していくことにしよう．

2.1.1　小林のランボー論における神学的美学

小林は意識を超えたところに芸術的創造の源泉を見出している．

> 創造というものが，常に批評の尖頂に据っているという理由から，芸術家
> は最初に虚無を所有する必要がある．そこで，あらゆる天才は恐ろしい柔
> 軟性をもって，世のあらゆる範型の理智を，情熱を，その生命の理論の中
> にたたき込む．（中略）彼は正真正銘の金を得る．ところが，彼は，自身の
> 坩堝から取り出した黄金に，何者か未知の陰影を読む．この陰影こそ彼の
> 宿命なのだ．（中略）この時彼の眼は祈祷者の眼でなければならない．何故
> なら，自分の宿命の顔を確認しようとする時，彼の美神は逃走して了うか
> ら．芸術家の脳中に，宿命が侵入するのは必ず頭蓋骨の背後よりだ．宿命
> の尖端が生命の理論と交錯するのは，必ず無意識に於いてだ．この無意識
> を唯一の契点として，彼は「絶対」に参与するのである．（『小林秀雄全作品
> 1』88 頁）

「祈祷者の眼」とは何であろうか．上記の引用で「祈祷者の眼」という言葉
は，宗教的な文脈からではなく，芸術家における創造的瞬間の認識過程の説明
に用いられている．意識的創造を重視する大正生命主義とは異なり，小林は
「宿命」という言葉とともに，芸術家の精神をその外部から襲う創造的「美神」
の働きを強調する．ここで言われる宿命の概念にはすでに多くの先行研究が
あり，柄谷は「主体の意識を超えそれを強いる何ものか」[32]を「宿命」と定義し，
森本は宿命とは「自意識が把握しえぬ創造の特異性のことである」[33][34]と述べてい
る．すなわち，宿命とは，意識的選択以前に各人に強いられた問いであり，真
の創造性と密接に結びついた概念でもある．この「絶対」に触れる所与の問い
を眺める視線が，小林の言う「祈祷者の眼」である．

第1章で述べた，ベルクソン美学における「外的実在」を眺める二つの視線を思い出そう．一方は対象を「有用性」から捉える視点，他方は実用的な観点を離れ，対象のあるがままの姿を把握する視線であった．小林の「祈禱者の眼」で問題となるのは後者である．芸術家が「祈禱者の眼」を持たなければならないのは，対象を部分からしか眺めない実用的観点を離れた精神の態度を特徴づけるためである．また，ベルクソン美学における神学的要素が，小林の批評においては，芸術家の創造的で主体的な制作態度のうちに移行している．樫原は小林も参照していたリヴィエールのランボー論に触れながら，小林が表現の問題を「ランボーの主体の側」に移動させ，「創造がまったくの無意識の霊感によるものではない」[35]点を指摘している[36]．詩作が全くの意識的な創作活動ではないにしろ，ここでは次のような一連の芸術的創造過程を想定することが出来る．すなわち，まず「頭蓋骨の背後」という「無意識」を通して，芸術家の精神に意識的把握を超えた創造的かつ強制的な問いが入り込み，宗教的な含意さえ持つ「祈禱者」の眼差しを介して，芸術家は自らの問題系に主体的な態度で作品という回答を与えていく．

　先に確認したように，詩人は「言葉の新たな発明」とともに，日常的経験を超えた「未知のもの」の表現を試みる．そこでは，身をもって感得した真の経験を新たな言葉で表現する，詩人の主体的な制作行為が問題となっていたように，上記で検討した「祈禱者の眼」という言葉で小林は，日常性を超えた問いに対して，芸術家が主体的かつ宗教的な態度で制作を行う点を示そうとする．両者の考察を組み合わせてみるならば，新たな言葉を発明し，詩のなかで構成し組み合わせていくところに，祈りにも似た詩人の創作活動の真の姿があると言える．この点は次節で検討する小林のセザンヌ論にも現れる特徴である．ただ，その検討に入る前に，ランボーにおける，日常性の彼方に位置するものの表現とその特徴を次に示すことにしよう．

2.1.2　ランボーにおける「他界」

　小林は芸術的創造という問題に関して，意識的把握を超えた地点を基盤に考察を進めていく．序論で触れたように，ボードレールの『悪の華』に「精緻な体系の俘囚となる息苦しさ」（『小林秀雄全作品 15』115 頁）を感じていた小林は，ランボーの詩に出会って意識的体系の外に抜け出ることが出来た．ランボーの詩のどのような特徴が小林に「体系」の外部を眺めさせたのだろうか．それを「外的実在」および「他界」（là-bas）という観点から分析してみよう．「外的実在」について小林は次のように述べている．

> ランボオにとって，詩とは，或る独立した階調ある心象の意識的構成ではなかったし，又，無意識への屈従でもなかった．見た物を語ることであった．疑い様のない確かな或る外的実在に達することであった．然し誰も見ない，既知の物しか見ない．見ることは知ることだから．（『小林秀雄全作品 15』130 頁）

　詩作は原初の直観なしに個々のイメージを構築していくのでも，実用的な観点に従属した諸認識の再構成でもなく，自らが真に経験した「外的実在」の徹底的な表現であると小林は言う．「外的実在」は，その背後に神の働きを想定するベルクソン美学的「実在」と同義に捉えてよいのだろうか．ランボーにおける「神」に関して樫原は，小林がランボー論で「〈神〉という回路」を用意していない点を指摘している．また，佐藤は，ランボーが「海や山や草や木に，めいめいの精霊が住んでいた」「現郷世界」を示そうとしていると述べている．樫原と佐藤は，ランボーにおいては神学的美学とは異なる，日常の彼岸にある世界の表現が問題となっている点を指摘している．ランボー自身は「千里眼の手紙」において，「彼［詩人］が他界から持ってきたものに形があれば形を与え，形がないものには形のないものを与える」と述べている．「他界」とは小林が翻訳で用いている言葉であるが，原語ではイタリックで là-bas となっており，

「向こう側」という意味である．上記の引用箇所の直前でランボーは，天界から火を盗んできたギリシャ神話のプロメテウスに詩人をなぞらえている．すなわち，プロメテウスが天界という別の世界から人間界に火をもたらしたように，詩人は「向こう側」の世界の光景を人間界にもたらす存在として考えられている．したがって，「向こう側」とは，小林が訳すような，天界という意味での「他界」であり，詩人は自身がそこで確かに「見た」光景を，新たな言葉の組み合わせとともに描写していく．

　ここまで行ってきた考察を上記の見解に結びつけてみよう．小林は「宿命」という語を用い，意識的創造の外部にある芸術家の創造的瞬間を捉えようとしていた．芸術家の直観は「頭蓋骨の背後」と呼ばれる「無意識」で生まれるのであるが，詩人においてその直観は，「他界」から贈られた原初の光景である．その贈与されたものとしての直観を，詩人は対象の実在性をあまねく把握する「祈禱者」の眼差し，そして日常性を離れた言葉の使用とともに，主体的な態度で作品へと作り上げていく．ベルクソン美学およびランボーの「千里眼の手紙」においては，超越的存在から人間へ向かう流れ，そして人間がその意図を把握する「努力」という双方向性が想定されているが，小林はまず「他界」の光景が詩人の精神を襲い，その強いられた問いが，詩人を主体的な創作へと赴かせる点を強調する．つまり，超越的要素よりも，芸術家個人の主体的な努力を強調する点に，ベルクソン美学と異なる小林独自の視点があると言える．

　ベルクソン美学から小林のランボー論への直接的影響も読み取れる．例えば小林は次のように述べている．ランボーの詩は，「或る凶暴な力によって，社会の連帯性から捥ぎとられた純粋視覚の実験である」（『小林秀雄全作品15』135頁）．「純粋視覚」とはベルクソンの言う「純粋知覚」を言い換えたものであると仮定でき，小林はそれを直接的に「見た物」という文脈で用いている．第1章で検討したように，ベルクソンは対象の実在性を時間的持続において捉え，それを「生まれつつある知覚」として定義していた．この「実在」の経験は，

知覚において実際に「感得」された体験であり，その意味で他の経験との比較を許さない，絶対的に「意識に直接与えられたもの」である．この比較を絶した唯一の経験を，小林はランボー論において「純粋視覚」，すなわちランボーが実際に「見た」絶対的なイメージとして捉えている．詩人は，自らが実際に感得した「他界」の経験の徹底的な描写に努める．小林批評には，批評対象となる芸術家が真に体験した根源的な経験を，批評において決して手放さないとする緊張感がみなぎっており，ここに小林がベルクソン哲学から継承した最も大きな特徴があると言える．次節では，上記で示した小林美学の構造を踏まえて，フランスの哲学者モーリス・メルロ-ポンティ（1908-1961）の考察を手がかりに，小林のセザンヌ論を検討していこう．

2.2　セザンヌにおける「自然」とは何か

　小林は『近代絵画』(1958) において，セザンヌの絵画を音楽との対比において考察している．要素としての各楽音が一曲の全体を構成しているように，セザンヌの絵画は緻密な色彩の構成から成立していると小林は考える．セザンヌはワーグナーの楽劇「タンホイザー」を見て感動した．ワーグナーの音楽は，ベートーヴェン以来の和声の転調や音の色彩の利用が発達し，音の感動の振幅が極限に達して，音楽がそのまま劇と化したものであると小林は言う．その意味で，近代の和声音楽とは「作品の意識的な知的な又純粋な構成」であって，セザンヌの絵が音楽的だと言えるのは，「音楽家の持つ純粋な構成家の精神を画家として持っていた処」にある．(『小林秀雄全作品 22』36-37 頁)
　セザンヌが絵画を制作する過程において，無数の色彩をキャンバスに置いていくことは，各々の楽音が曲の全体を形作るプロセスと類比的であり，そこに

セザンヌの絵画制作における構成としての特徴があると小林は言う．ただ，各々の色彩という部分の組み合わせの結果として，全体としての絵画が構築されるのではない．小林は，最初にセザンヌの視覚を襲った「自然」があり，それを強いられた課題として色彩で画布上に再構成するという，全体から部分という制作プロセスを取っている点を強調する．

　これはメルロ-ポンティが『知覚の現象学』で述べる，「共感覚的知覚」(la perception synesthésique) に結び付く議論である．ここで言う「共感覚」とは，アリストテレスの定義における「共通感覚」(koine aisthesis)，すなわち「感覚が同じものに同時に生じるとき，諸感覚は，複数の感覚としてではなく，一つの感覚として，それぞれの感覚に固有の感覚対象を付帯的に感覚する[40]」(425a-425b) という意味における，視覚や聴覚など固有な感覚に帰属するだけではない感覚のことであり，精神疾患の一つとしての「共感覚」とは異なる概念である．メルロ-ポンティによれば，視覚や聴覚など各々の感覚は，諸感覚が互いに混ざり合った原初の知覚を，知的作用によって切り離した結果生じた二次的な感覚である．メルロ-ポンティは原初の知覚としての「共感覚的知覚」を認識の根底に想定するが，自分たちは各々の感覚に分離した認識に慣れ過ぎているため，この根源的な認識に至ることが少ない．しかしセザンヌは絵画で空気感や香りなどの表現までも試みようとし，視覚的な芸術である絵画において別の感覚にも訴えかけるという，共感覚的な特徴を絵画のなかで示そうとする．

　上記の論点を踏まえると，本節での問題提起として，次の二点を挙げることができる．①セザンヌの視覚を捕らえたモチーフとしての「自然」は，認識の根源にある共感覚的な知覚とどのような関係にあるのか．②画家に強いられた課題として現れる「自然」を画布上に表現する際の，主観と客観の認識過程はどうなっているのか．

　以下の考察では上記の二つの問題提起を，「自然」，「色彩」，「共感覚」とい

う観点から解明していく．そのために，まず小林のセザンヌ論を分析し，小林の論考の構造および小林のセザンヌ論の独自性を示す．次いでセザンヌ自身の発言を取り上げながらメルロ-ポンティの議論を検討する．最後に上記の考察を踏まえ，小林とメルロ-ポンティの議論を結び付けながら，上記の二つの問題提起に回答を与えていく．

2.2.1　小林のセザンヌ論

「知的な機能的な道で，自然という存在を置き換える事の出来ない事を，彼は固く信じていた様である．でなければ，何故又してもサント・ヴィクトアールの山を見に出掛けねばならなかったか．山は，どう仕様もなく画家に与えられたものだ」（前掲書，53-54頁）．セザンヌにとって，自然は知的な認識から再構成されるようなものではなく，直接的に与えられた確かな経験であった．以下この「直接与えられたもの」という点に着目しながら，小林のセザンヌ論における「感覚」と「自然」の関係について考察を進めていこう．

小林は「感覚」と「自然」の関係について次のように述べている．

　自然とは感覚の事だ，と彼は言う．そして感覚とは，彼にその実現を迫って止まぬものなのである．彼は絵のモチフを捜しに行くというが，彼は自分の方に，何んの用意も先入主も規準もない事をよく知っている．自然と出会うという事は，そういうものがすっかり無意味になって了う経験だ，と彼ははっきり知っていた．むき出しの彼の視覚が，自然に捕えられるのである．彼はそれを待っているだけだ．その強度に耐えられぬと感ずる処に立ち止まるだけだ．彼は自然の方に向って自分を投げ出す．それが，自然は感覚だ，という意味なのであり，自然の方が人間の意識の中に解消されるなどとは露ほども考えていない．大事なのは，自然を見るというより，寧ろ自然に見られる事だ．彼は，自然に強迫されている生存というものだ

けを信じていた様に見える．（前掲書，71頁）

　小林によれば，セザンヌにとって「感覚」と「自然」との間に区別はない．
セザンヌにおける「感覚」とは何であろうか．小林はセザンヌが書簡で，「感
覚」（sensation）と「視覚像」（image）という言葉の使用の同一性，さらに「視
覚像」と「画面」（tableau）という言葉の使用法の類似を示しながら（前掲書，
73-74頁），「感覚」とはつまり「色彩」のことであると述べている．セザンヌ
にとって「自然」とは，彼の視覚像を構成する「色彩」のことであり，色彩と
して現れる「自然」が，セザンヌの視覚に最初に与えられる．ここで注意しな
ければならないことは，画家としてのセザンヌが画面を構成するのであるが，
まず「自然」としての視覚像が色彩としてセザンヌの精神に与えられ，無数の
色彩とともにそれを画布上に表現していくことである．「画家とは，言わば視
覚という急所を自然の強い手でおさえられている人間なのだ．自然を見るとは，
自然に捉えられる事であり，雲も海も，眼から侵入して，画家の生存を，烈し
い強度で，充たすのである」（前掲書，69頁）．芸術家としてのセザンヌは，自
然との直接的な接触に基づいて絵画を構成するよう努める．この直接性に基づ
いて仕事を行う姿勢を，小林は「無私」の態度と呼んでいる．小林が「無私」
について述べた文章を二つ引用してみよう．

　　「存在するもの」に，愛らしいものも，厭わしいものもない．選択は拒絶
　　されている．「腐肉」も避けられぬ．だから，大画家にとって，見るとは
　　自己克服の道になる．（中略）セザンヌが，自然の研究だ，仕事だ，と口癖
　　の様に言っていたという事は，画家は，識見だとか反省だとかいうものを
　　克服して了わねば駄目だという意味なのである．（前掲書，43頁）

　　瞬時も止まらず移ろい行き消えて行く印象に，各瞬間毎に，確乎たる統一
　　の感覚が現れるのは何故なのか．彼は，相戦い，相矛盾する感覚の群れを，

悉く両手のうちに握りしめたかった．どういう解決の方法があったのか．
恐らく，彼には，無私と忍耐と，と答える他はなかったであろう．（前掲書，
40 頁）

　注目しなければならない点は次の二点である．まず，「存在するもの」すな
わち視覚に直接与えられたあらゆるものの間には，価値観の優劣はなく，その
意味で「見る」ことは，成長し生活する中で身につけた「見識や反省」といっ
た後天的な属性を取り除く「自己克服」の道であるという点である．次に，
「相戦い，相矛盾する感覚の群れ」つまり無数の色彩とともに現れる視覚像に
は，つねに一種の統一感があるが，それを手放さずに把握し続けるためには，
「無私と忍耐」が必要であると述べられている点である．上記の二点では，同
じことが言われている．すなわち，無数の色彩から構成される視覚像を捉える
には，既成の価値観や常識的な見方に頼った安易な解決からではなく，その容
易さに走りたくなる傾向を克服する忍耐と，特定の見地に頼らずに対象と辛抱
強く向き合う「無私」の精神が必要だということである．この点に関して小林
は次のようにも述べている．二つ引用してみよう．

　　画題として，花は馬鈴薯より上等という理由はない．人間は山や岩より高
　　級な画材ではない．あらゆる色彩が，到るところで等価である．ある色彩
　　の集団を指名して，これに，他と異る価値を附するのは，画家には何んの
　　関係もない事である．画家は，純粋に色や形の諸関係を極めればいい．
　　（前掲書，53 頁）

　　自然の研究という時に，彼［セザンヌ］が信じていたものは，画家の仕事は，
　　人間の生と自然との間の，言葉では言えない，いや言葉によって弱められ，
　　はばまれている，直かな親近性の回復にある．（前掲書，68 頁）

「自然」という言葉は，セザンヌにおいて，「色彩」と同じ意味を持っている

ことを思い出そう．対象の直接的認識は，言葉の意味によって大きく阻害されているとする小林の見解は，対象が有用であるか否かという見地からのみ把握しようとする，ベルクソン美学における「生活への注意」の議論が前提となっている．私たちの認識は本来的に生きるための注意に限定されているが，対象の認識に介入する言葉の働きを抑制し（無私と忍耐），自然との直接的な接触を回復するためには，画家は「色や形」の組み合わせの研究に専念すればよい．ここには「無私」と，「色彩」ないしは「自然」との結びつきだけでなく，「直接性」という概念とも繋がりを見出すことが出来る．すなわち，通常の尺度から対象を認識する傾向を「無私」の精神によって離れ，「色彩」からなる「自然」との「直接」的な接触ないしは「親近性」を回復するためには，画家は色彩の関係を純粋に追究していけばよいということである．

　本節の冒頭で述べたように，音楽の構成と同様セザンヌの絵画は一つ一つの色彩（小さな感覚）の構成から成り立っていると小林は考える．無数の色彩をキャンバスに置いていく制作のプロセスに，小林はセザンヌにおける「信仰」という特徴を見出す．「色彩」と「自然」の結びつきは，「信仰」そして主客分離を離れた認識という観点からも解明することができる．少し長くなるが，この点に関する文章を引用してみよう．

　　「小さな感覚」の群れを，緻密に構成すれば，物の明度，量感，形態，遠近，あらゆる性質が必ず現れる事を信じた．それもそういうものが実現される可能性が，一つ一つの楽音が凡ての和声や旋律の種子を孕んでいる様に，「小さな感覚」の一つ一つに隠されている事を恐らく信じていたが為だ．セザンヌにとって面を構成するとは，計量の楽しみでも，任意な発明をする喜びでもなかった．自然に関する新しい形の信仰告白であった．題材は次第に平凡になる．彼が存在に対して謙虚になるからだ．題材は崩れ去りはしないし，彼が題材を発明しもしないのはその故である．面の組合

せが純粋になり，自然は色彩の言葉で画家に語りかける．彼が構成に工夫
を凝らすとは，対象が，そうなる事を我慢強く待っているという事と同じ
意味であった．(前掲書，54 頁)

　色彩としての「小さな感覚」が，「存在」(自然) そのものの表現に結び付く
可能性は恣意的なものである．なぜなら，画面の部分を構成するに過ぎない
各々の色彩を画布の上に置くプロセスが，全体としての視覚像 (自然) を構成
するに至る道は，必ずしも確実ではないからである．制作途中の段階では，画
面の全体像はまだ構成されていない．セザンヌは自然の中に赴き，または室内
で様々な対象に接するなかで，絵のモチーフを発見する．画題 (モチーフ) は
彼が発明したものではなく，セザンヌ自身に与えられ，絵を描くことを通して
解決すべき問題として提示されるものである．そのための手段が色彩 (小さな
感覚) であり，この原初に与えられたモチーフを画布上に再構成すべく，セザ
ンヌは一つ一つの色彩をキャンバス上に置いていく．セザンヌにとって，全体
としての視覚像は「自然」そのものであり，それは何らかの究極的「実在」の
顕現 (Manifestation) として，祈りに似たタッチで一つ一つの色彩を置いて
いったに違いない．こうして，各々の色彩が画面の全体を織り上げていくプロ
セスのうちに，小林はセザンヌの画家としての「信仰告白」を見出している．
　「私たちの芸術はそれ自身に，要素と共に，[自然が] 持続していることの戦
慄や，あらゆる [自然の] 変化の様相を与えなければならない」(*Cézanne*, 149)
とセザンヌ自身が述べたことを踏まえ，小林は「自然という持続する存在」
(「『小林秀雄全作品 22』40 頁」) があると考える．すなわち，セザンヌの絵画にお
いては，各々の事物は自立した存在として描かれていると言うのである．例え
ば，画布の中での樹木は，「持続」する樹木として独立した存在であり，同じ
画布の中に描かれた川は，その独自の存在のリズム (持続) を持っている．無
数のリズムを持つ存在が，セザンヌの一つの画布の中で混ざり合い，全体の調

和を成り立たせる．「持続」という言葉はベルクソン哲学の重要な概念であるが，そこでは主観と客観という図式が取り払われ，むしろ主観は過ぎ去る時間を保持する働きの中から生まれるものとして考えられている．[41] ここには主観が客観としての対象を認識するという構図は存在しない．ベルクソン哲学から深く影響を受けた小林の分析においても，主観と客観という区別を取り払うベルクソン的な特徴が読み取れる．引用してみよう．

> セザンヌは，自然というところを感覚と言ってもよかったのである．或は，感動とか魂とか言ってもよかったであろう．（中略）在るがままで，自足しているが，望めば望むだけいくらでも豊かにもなるし，深くもなる．そういう感覚はある．画家たらんと決意すれば立ちどころにある．静かに組み合わせ，握りしめた両手の中にある．一方の端は，自然に触れ，一方の端は心の琴線に触れていて，その間に何の術策も入ってくる余地はない．大事なのは，この巧まない感覚の新鮮な状態を保持し育成することなのだ．
> （前掲書，74頁）

ここには主観が客体としての事物を認識するという，デカルト的認識の構図はない．一つの認識の内に，ものを感じる心があり，それが同時に客体にも触れているという主客未分の状態がある．「自然」がセザンヌの視覚の内に飛び込んできたとき，知的操作を介して主観と客観に分かれる以前の，知覚の原初の状態がある．この状態を保ち制作を行うところに，小林は芸術家としての最も大事な点を見出している．

これはメルロ‐ポンティのセザンヌ論における立場と重なるものである．そこで次に，セザンヌにおける「共感覚」的特徴という点に着目しながら，メルロ‐ポンティの考えを検討していこう．

2.2.2　セザンヌにおける「共感覚的知覚」

セザンヌは絵画において香りという嗅覚的な要素や，空気感という肌感覚的な特徴を表現しようとする．視覚的な媒体である絵画において，なぜこのような「共感覚的知覚」の探求が可能なのだろうか．例えばセザンヌによれば，「香り」という嗅覚的な特徴は，色彩を駆使し表現することが出来る．

> 太陽にとっては不快な，松のまさに青の香りは，石の香りとともに毎朝そこで涼しくなる草原の緑の香りや，サン・ビクトワール山から遠方にある大理石の香りと結びつかなければならない．私はそれを表現していない．それを表現する必要がある．文学抜きで，色彩においてだ．(*Cézanne*, 151)

松には青の香り，草原には緑の香りがあり，これら「香り」は，色彩によって表現できるとセザンヌは言う．色彩は状況に応じて，様々なニュアンスや質感を持つものとして機能する．例えば，青色はより暗い色やより明るい色との対比の中で，その質的なニュアンスが決まる．より具体的に言おう．より暗い色との対比の中に青が置かれれば，青は明色として機能する．一方，青をより明るい色との対比の中に置けば，青は暗色としての効果を持つ．青は，青という絶対的な価値を持っているのではなく，状況に応じて，その色彩の意味が変化する．そして，画家は，このような明暗の効果を，絵画を描く手法としてはっきり認識していなければならない．セザンヌはこのことを明確に意識していた．リビエールとシュネーブは，セザンヌの表現を取り上げて，次のように述べている．

> 画家が意のままにする，それ自身が絶対的な光の質を持たない暖色と寒色の色調の対立は，光と影を表象するに至る．例えば白という，パレット上で一番明るい色は，もし画家が白より明るい色を対立させうるとしたなら，

影の色彩になってしまうだろう．だから，セザンヌは，「光になるのではない．光を産み出すのだ」と繰り返すことを好んだのである．（AC, 157）

　「光を産み出す」とは，色彩における明暗の効果の手法を駆使して，絵画を描くということである．セザンヌは異質な色彩を調和的に組み合わせ絵画の表現を試みる．一つの質的な感覚に，別の質的感覚が加わると，以前の状態と全く異なる質的効果を表現することが出来る．量的なものに別の量を加えても，そこからは決まった効果しか受け取ることが出来ない．一方で，ある質的なものに別の質が融合すると，因果関係からは説明できない異質な状態が生み出される．そして，セザンヌは，このような質的な手法が，絵画において，香りや空気感を生み出すことが出来ると考える．「赤や黄で表された光の振動のうちに，十分なだけの青色を導く必要性が生じる．それは，空気感を感じさせるためである」（*Correspondance*, 376）．赤や黄色の色彩の中に青色が混ざることで，色彩という視覚的性質とは別の，触覚的ないしは肌感覚的な空気感が表現される．単に色としての赤と黄と青からは，空気感という色彩とは異質の質感が生まれることはない．しかし，これら色彩を巧みに調和させることで，もとの要素とは全く異なる効果を生み出せる．それは，色彩のコントラストや調和の中から現れる，色彩とは別の次元からやってくる質感である．ここには，ある質感が別の質感と混ざり合い，その質感とは別の感覚を生み出す，セザンヌの絵画における「共感覚的知覚」という特徴を見出すことが出来る．

　　この「共感覚的知覚」について，メルロ-ポンティの議論を取り上げて検討してみよう．『知覚の現象学』でメルロ-ポンティは，視覚や聴覚など，諸感覚が互いに分離した状態は，反省的あるいは意識的な注意が生み出す二次的な知覚であると考える．もともと私たちは対象を視覚や触覚に特化した形で認識しているのではなく，反省的な思考による結果として，互いに分離された諸感覚が作り出されると言うのである．

性質つまり分離した感覚能力が生まれるのは，以下のような場合である．すなわち，視覚の現場を取り押さえ記述するために，私の視覚のこの全体的構造を破壊し，私自身の視線に沿うのを止める場合である．視覚を生きる代わりに，視覚について自問し，私の諸々の可能性を試験し，私の視覚と世界のつながり，私自身と私の視覚のつながりを断ち切る場合である．(PP, 917)

　視覚における感覚的性質は，私が視覚そのものを生きていた状態から自らを切り離す時に生じる．ここで言われる「全体的構造」とは，視覚的感覚を思考や注意を介在させずに対象を眺めている状態のことをいう．この状態においては，視覚は反省的に捉えられることがなく，世界とそれを眺める視覚の間に断絶は存在していない．さらには世界を眺める自分自身の認識の中にさえ何らかの障壁を置くことなく，眺める対象と一致するものの見方がある．それが視覚の「全体的構造」と不可分に結びついている．

　一方で，「視覚について自問」するような方法がある．これは，視覚が捉えたものを，思考や注意という働きによって分析的に認識することである．そしてこの働きが，私の視覚が捉えるものを，それを生きていた状態から，反省的に捉えられたものへと変える．ある対象をあるがままに捉え，それを生きている状態と，それを思考によって反省的に認識することは同じことではない．前者は状況を生きているという意味で一元的に捉えられるのに対して，後者には，この視覚を生きている状態に加え，それに反省という思考の働きを加えた，二次的なプロセスが見られる．感覚におけるこのような二重性について，メルロ=ポンティは次のようにも述べている．

　　感覚的性質とは，好奇心や観察の態度から生じる特別の産物であり，知覚と共外延的であるには程遠いものである．感覚的性質は，私の視線全体を世界にゆだねる代わりに，この視覚それ自身へと向き直り，私が正確に見

ているものは何かと問う時に現れるのである．感覚的性質は，私の視覚の
世界との自然な交流のうちに形作られるのではない．それは，私の視線に
おけるある問いへの返答なのである．（PP, 917）

　視覚そのものに思考が向けられ，その問いに答える形で感覚的性質が生じる．
では，このような分離や反省が行われる前の知覚経験，つまり知覚そのものを
生きている状態の特徴は，どのようなものか．それは諸感覚の間に区分が置か
れず，それらが互いに浸透し合った知覚のことである．

　　根源的な知覚において，触覚と視覚との区別は未知のものである．その後
　　で，身体の科学が，私たちに諸感覚の区別を教える．体験された物は，諸
　　感覚に与えられたものから再発見あるいは構成されるのではなく，それら
　　が輝く中心として一挙に現れるのである．（DC, 1313）

　知的操作によって諸々の感覚的性質へと分離される以前の知覚は，諸感覚が
相互に浸透し合う形で成り立っている．私たちが根源的に対象を知覚する際に
は，感覚は視覚や触覚という性質に分離しているのではなく，諸感覚が一つの
ものとして認識される．この知覚をメルロ-ポンティは「共感覚的知覚」と名
付ける．諸感覚が統合された知覚は，決して特別な知覚ではない．むしろそれ
は科学的な知識が媒介する前の，私たちが対象を認識する際の本来的な在り方
である．「音を見ることや色を聴くことは現象として存在している．また，こ
れは例外的な現象でさえない．共感覚的知覚は通例のことなのである」（PP,
919-920）．「私が音を見るというとき，その音の振動に対して，私の全感覚的
存在，特に色彩が可能になる私自身のこの感覚が反応することを意味してい
る」（ibid., 925）．諸感覚へと分離される以前の「共感覚的知覚」においては，
ある一つの感覚に生じた刺激は，同時に私の身体の全体的な感覚を呼び起こす．
視覚や触覚という感覚的性質は，根源的な状態では知覚の全体性から切り離さ

れているのではなく，諸感覚の間に不可分の結びつきがある．

　この点においてメルロ-ポンティの議論はセザンヌの絵画の特徴と結びつく．セザンヌの絵画においては，色彩が輪郭線や形を表現し，同じ視覚の内部における異質な要素が表現されている．さらに，様々な色彩を組み合わせ調和させることで，空気感という視覚とは異質の感覚の表現が試みられる．ここに「共感覚的知覚」という特徴を見出すことが出来るだろう．メルロ-ポンティが言うように，私たちの感覚が本来的には「共感覚的」なものであるならば，セザンヌが絵画で表現するものは，科学的思考が入り込む以前の，諸感覚が統合された全体的な感覚を備えた，私たちの根源的な認識において現れる対象の姿であると言える．

2.2.3　第 2 節の結論

　以上小林のセザンヌ論とメルロ-ポンティの議論を参考に，セザンヌの絵画の特徴を明らかにしてきた．ここで全体の議論を振り返りつつ，本節の冒頭で述べた問題提起に回答を与えることにしよう．

　最初に小林のセザンヌ論を「自然」，「色彩」，「無私」そして「信仰」という観点から検討した．セザンヌにとって「自然」は解決すべき問題として与えられ，それは同時に「色彩」として把握される．原初に与えられたこの視覚像が画布上で表現されるとき，生活する中で身につけた様々な技巧が取り払われ，視覚に与えられた直接的な像が色彩とともに再構成される．全体としての「自然」そのものである視覚像は，セザンヌにとっては究極的実在の顕れでもあり，祈りにも等しい，各々の色彩を置いていく行為のうちに，小林はセザンヌにおける「信仰告白」という特徴を見出している．

　次にメルロ-ポンティの議論における「共感覚的知覚」という概念を用いて，セザンヌの表現の意義を追究した．セザンヌは視覚的な表現である絵画の中に，空気感や香りなど，視覚とは質的に異なる要素を表現しようとしている．色彩

のコントラストが巧みに行われるとき，そこに空気感という色彩とは別の感覚が生まれる．メルロ-ポンティが言う「共感覚的知覚」とは，諸感覚へと分離される以前の根源的な知覚のことである．そこでは，例えば聴覚と視覚の間に感覚の区別が存在しない．諸感覚は互いに混ざり合った形で存在している．なぜ「共感覚的知覚」が重要なものであるのか．それは，視覚や聴覚など各々の感覚によって区分けされてしまった「自然」全体の，原初的知覚の一体性を復元する必要があるからである．思考の働きが介在する以前の知覚は，様々な感覚が互いに区分されない，このような全体的な感覚を備えたものであり，セザンヌはこれを絵画で表現しようとする．

　以上の考察を踏まえ，最後に上記で述べた問題提起に答えて行こう．回答すべき問題として次の二つがあった．①セザンヌの視覚を捕らえたモチーフとしての「自然」は，認識の根源にある共感覚的な知覚とどのような関係にあるのか．②視覚像として現れる「自然」を画布上に表現することを試みる際の，主観と客観の認識過程はどうなっているのか．

　第一の問題に回答しよう．視覚や聴覚などに分かれる以前の根源的な知覚は，諸感覚の間に区別が置かれない共感覚的な特徴を持っている．また，小林はセザンヌ論で「自然」が画家の意識に直接的に与えられた視覚像であると述べ，対象を認識する主観と事物としての客体という区別を取り払った認識を提示している．そして，セザンヌは嗅覚や触覚の感覚までも表現し，絵画で共感覚的な特徴を示そうしている．以上の三点を鑑みると，小林の言う画家の意識に直接的に与えられた「自然」とは，思考の働きによって諸感覚に分離する以前の，私たちの根源的な知覚である，共感覚的な特徴を備えた認識のことであると言える．

　第二の問題に答えよう．小林は「感覚」の一方が「自然」に触れ，他方は「心の琴線」に触れていると述べ，主観と客観的事物という構図の外にある認識を提示する．画家自身の視覚に現れた対象の像を，知的な働きを間に介入さ

せず「無私」の態度で把握することを小林は強調するとともに，根源的な知覚
として現れる視覚像を，そのあるがままの姿で認識することのうちに画家の
「自己克服」や「忍耐」を見出していた．ここで言われる「無私」や「自己克
服」とは，自らの精神の中に現れる視覚像を純粋な視点で眺める努力のことで
あり，それは画家が自らの精神そのものを把握する認識のことであると言える．
セザンヌは外的対象としての事物を描いたのではない．むしろ自らの認識が，
描く対象そのものとなったような主客未分の状態の中で制作を行い，自らの精
神に現れる，色彩の組み合わせとしての「自然」を画布上に描いたのである．
　絵のモチーフは全体的な視覚像として画家に与えられた「自然」そのもので
あり，それを祈りに似た一つ一つのタッチとともにキャンバス上に構成すると
ころに，小林はセザンヌにおける「信仰告白」という特徴を見出す．何者がこ
の視覚像を与えたのだろうか．そしてこの行為は本当に「信仰」と呼べるほど
の強度を持ち得ているのだろうか．それが世界を創造したキリスト教的人格神
であるか否かは明らかではないが，セザンヌ自身はガスケとの会話の中でたし
かに「神」という言葉を用いている．しかし，それがたとえキリスト教的な神
と同一のものであるとしても，神によって創造され人間に与えられたこの世界
（客体）を，画家としてのセザンヌ（主体）がキャンバス上に描くという構図は
当てはまらない．むしろ，画家の視覚にすでに与えられ，それを実際に生き，
自らの経験として感得するなかで捉えられた全体としての「自然」が，セザン
ヌの絵画の唯一のモチーフである．それ以上の要素はそこに介入することはな
い．画家に与えられた視覚像は，個人としてのセザンヌの意識を超えた，「自
然」からの無限の贈与であり，それだからこそ，小林はそこに「信仰」という
言葉を与えたのではないだろうか．ここには，神が創造した世界を人間が祝福
をもって眺めるというキリスト教的信仰とは異なる，自らの視覚に贈与され，
真に内的に経験し感得された「自然」を描くという，セザンヌに特有の「信
仰」が見出せるのである．

第3章

小林批評における「無私の精神」と「子供らしさ」

ベルクソン哲学の枠組みにおいて，有用性を介して対象を眺めることは，その対象が行動に役立つよう，空間の中に位置づける知性の働きを介するものである．一方で知的分析を排し，対象の実在性を把握する認識がベルクソン美学では想定される．小林はこの後者のものの見方を，「無私」や「子供らしさ」という用語とともに，批評において展開させていく．

　「子供らしさ」は，特定の観点を交えずに対象を眺める「無私」の精神と同じ意味で用いられ，小林の「モオツァルト」においてのみならずドストエフスキー論においても見受けられる言葉である．例えば小林は次のように述べている．「ラスコオリニコフという人物に到る道を，彼の子供らしさに求めた評家は，僕の読み得た限り一人もない」（『小林秀雄全作品 16』146 頁）．「子供らしさ」という見解について，辞書では「いかにもあどけないこと，また，子どものように幼稚であること．また，その度合[42]」と定義されている．ここではこの言葉に伴う否定的なニュアンスが記述されている．しかし，小林は「子供らしさ」という言葉を用いて，上記の否定的な意味を言いたいのではない．むしろ，『罪と罰』論で特徴づけられるラスコーリニコフの性格のような，思惟を交えない人間の率直な心の働きを表現するためにこの言葉を用いている．言い換えれば，小林は「子供らしさ」という言葉を介して，特定の視点から対象を観察しない「無私」で純粋な認識の働きを強調するために，この言葉を選んでいる．

　有田は，「『無私』とは，近代的意識的『自我』の陥穽からの脱却という，生命主義のもつ大きな方向性の言い換えと考え得るだろう[43]」と述べ，「無私」と「自我」の関係性を考察している．ここで言われる「生命主義」とは，「大正生命主義」のことであり，意識的創造を重視する点にこの主義の特徴がある．小林はこのような意識的自我による創造の外部に出ようとしていたのであり，この自意識の殻を打ち破るところに「無私」（無我）の精神の働きが関与してくる．「無私」に関して二宮は次のように述べている．

「無私」なる状態はきわめて微妙なもので，いくら言葉を重ねて説明しようとしても理論として論証はできない性質のものだ．理屈をいえば，「無私」を標榜するのも，まさに「私」の表現の一形式ではないのか，ということにもなりうるのだから．そこで「無私」を理想とする者は，無私の境地に達しているとみなしうる「よみ手」との出会い，個人の主張を超えた「よみ」を通してはじめてなりたつ歴史との出会いを，あらたにひとつの「作品」として指し示し，読者のこころにじかに触れ，了解させる道を進む以外にない．創造的「批評家」としての小林秀雄の審美的叡智は，まさにこのような水位において示されるのである．（『小林秀雄のこと』24-25 頁）

　二宮によれば，「無私」とは言葉によって立証できるものでも，厳密な定義によって把握できる概念でもない．むしろそこでは「個人の主張」を乗り越え作品に向き合う際の認識論が問題となっており，そこで出会われる対象を小林は批評「作品」として提出していると二宮は言う．本書においても二宮にならい次の仮説を立ててみよう．すなわち，小林が批評対象とする芸術家や思想家は，自身の精神を超えた超越的な何かに対する際，純粋で「無私」な認識である「子供らしさ」を基盤にして作品の制作を行っている，というテーゼである．この仮説の証明を行うなかで，第 2 章で検討した創作における主体性の問題が，小林のモーツァルト論とプラトン論ではいかに現れているのかも示すことにしたい．

3.1　個を超えた「実在」としての美

　小林にとって美とは，知的操作によってその表現が可能となる対象ではない．

それは個人を超えた一つの「実在」として，あるとき芸術家の意識を襲い，圧倒的な感動とともにその表現を芸術家に強いる何ものかである．モーツァルト論において小林は，上記の立場を，一つの力としての「美」という観点から考察を行っている．

> 美は人を沈黙させるとはよく言われる事だが，この事を徹底して考えている人は，意外に少いものである．優れた芸術作品は，必ず言うに言われぬ或るものを表現していて，これに対しては学問上の言語も，実生活上の言葉も為す処を知らず，僕等は止むなく口を噤むのであるが，一方，この沈黙は空虚ではなく感動に充ちているから，何かを語ろうとする衝動を抑え難く，而も，口を開けば嘘になるという意識を眠らせてはならぬ．そういう沈黙を創り出すには大手腕を要し，そういう沈黙に堪えるには作品に対する痛切な愛情を必要とする．美というものは，現実にある一つの抗し難い力であって，妙な言い方をする様だが，普通一般に考えられているよりも実は遥かに美しくもなく愉快でもないものである．（『小林秀雄全作品 15』59 頁）

ランボー論で言われる芸術家の脳裏から入り込む「宿命」や，セザンヌ論における「自然」は，モーツァルト論において「言うに言われぬ或るもの」を宿す「美」として論じられている．ここで小林は，芸術作品を鑑賞する批評家の立場から，「美」の内的経験の過程を説明していることを念頭に置いておこう．小林によれば，真に感得された「美」の経験においては，既存の学問の枠組みや日常的な言語使用によってはその全き表現が不可能な何かが含まれ，その経験を真に受け止めようとするならば，まず鑑賞者は通常の言語使用が通用しない圧倒的な経験を前にたたずまされるという．ベルクソン哲学において言語の働きは，対象の時間的持続を空間のなかに固定し，その生きて活動する側面を取り逃がす特徴を持つものとして扱われる．日常的言語使用に対するこの否定

的なニュアンスは，固定化したものと流動的なものという二元論の枠組みの中で，ベルクソン哲学に一貫した特徴であるが，小林の場合はどうであろうか．

　小林批評における言語の働きは，対象を捉える認識と不可分のものである．ランボー論では，日常的言語使用と新たな言葉の組み合わせの発明という二つの区分のもと，「他界」の光景を詩的言語で構築する側面が強調されていた．小林のモーツァルト論においては，実用的な言語経験を超えた深い感動（言うに言われぬ或るもの）が，溢れ出る言葉を導く内在的な力を含むと同時に，そこに日常的な言葉が密かに介在する可能性（口を開けば嘘になるという意識）の二つが想定されている．すなわち，原初の感動から直接的に溢れ出る詩的言語と，未知の感情の質を日常的枠組みのそれへと変化させる，通常の言語使用の二つである．ランボー論の場合と同様，モーツァルト論においても二つの言葉の使用が前提とされている．

　第 1 章で検討したように，実生活へと向けられる注意は，生きて生活し続けねばならない人間の認識に深く根差したもので，その傾向に逆らい意識に原初に与えられた直接性を認識し続けるためには，対象の時間的持続を捉えて離さない意志的「努力」が必要である．人間の本来的傾向に逆らうこの逆説的な努力を，上記の引用で小林は，忍耐を前提とした「愛情」と呼んでいる．日常的経験を超えた「美」を真に体験するには，ある熾烈な力が自らの脳裏を通過することに耐え，その力を決して取り逃がさない意識の働きが必要とされる．言い換えると，真の「美」の経験とは，日常的快適さとは対極にある，自分自身との内的な格闘をその本質とする．

　「美」と関わる際のモーツァルトの精神の姿勢はいかなるものだろうか．以下の考察では，小林のモーツァルト論における肖像画，書簡そして実在性という三つの観点を通して，モーツァルトにおける創造性の問題を検討するとともに，小林のモーツァルト論における「無私」としての「子供らしさ」の特徴を明らかにしていこう．

3.1.1 モーツァルトの肖像画

モーツァルトには彼の友人ヨーゼフ・ランゲが描いた肖像画がある．小林は
この肖像画から受け取った印象をもとに，モーツァルトの心境を次のように想
像している．

> モオツァルト[原文ママ]は，大きな眼を一杯に見開いて，少しうつ向き
> になっていた．人間は，人前で，こんな顔が出来るものではない．彼は，
> 画家が眼の前にいる事など，全く忘れて了っているに違いない．二重瞼の
> 大きな眼は何にも見てはいない．世界はとうに消えている．ある巨きな悩
> みがあり，彼の心は，それで一杯になっている．(『小林秀雄全作品15』53
> 頁)

モーツァルトは「ある巨きな悩み」を前にして，全くの放心状態にあると小
林は言う．ここでは「巨きな悩み」が何であるのか問わないことにしよう．と
いうのは，ここで小林が問題にしているのは，自身の意識的把握を超えた何か
に向き合う，モーツァルトの精神の姿勢だからである．この引用で小林は，芸
術家が自分を超えた巨大な何かに接する際の，素朴で力強いモーツァルトの精
神の姿勢を示そうとしている．モーツァルトの肖像画について，小林は次のよ
うにも述べている．

> 僕の空想の許す限り，これは肖像画の一傑作である．画家の友情がモオ
> ツァルトの正体と信ずるものを創り出している．深い内的なある感情が現
> れていて，それは，ランゲのものでもモオツァルトのものでもある様に見
> え，人間が一人で生きて死なねばならぬ或る定かならぬ理由に触れている
> 様に見える．モデルは確かにモオツァルトに相違ないが，彼は実生活上強
> 制されるあらゆる偶然な表情を放棄している．言わばこの世に生きる為に
> 必要な最少限度の表情をしている．ランゲは，恐らく，こんな自分の孤独

を知らぬ子供の様な顔が, モオツァルトに時々現れるのを見て, 忘れられなかったに相違ない. (前掲書, 70 頁)

　日常生活の瑣事が各人に形作る特定の表情を超えて, ランゲによるこのモーツァルトの肖像画は, 生活の偶然的要素に左右されない, モーツァルトという個人に与えられた, いわば「宿命」としての表情を示している. 第 2 章で述べたように, 小林批評における「宿命」とは, 例えばある時代にある民族のもとに生まれたことなど, 各人が選択する以前に与えられた所与の要素のことをいう. モーツァルトの肖像画には, 実生活を送るなかで身に着ける二次的で偶然的な要素が取り払われ, モーツァルトという個人に必然的に与えられた, 他のものと置き換え不可能な彼の「宿命」が示されている.

　注目すべき点は, 小林がそれを「子供の様な顔」と表現していることである. 上記の引用で言われる「深い内的な感情」の内容が何であるのかここでは問わないが, 重要なのは, 自らに直接的に与えられた要素を修飾するために, 小林が「子供らしい」という形容詞を使っている点である. 繰り返すが, この言葉は「幼稚さ」ないしは「未熟さ」という否定的な意味合いで用いられているのではない. むしろ, 対象を「実生活上強制されるあらゆる偶然」を通して認識することを離れ, 芸術家の精神に襲い掛かるように顕現する, 対象のあるがままの姿を把握する認識を強調するために用いられる言葉である.

　この「子供らしさ」という形容詞は, 小林がモーツァルトの書簡を論じる際にも現れる. 次にモーツァルトの書簡を引用しながら, その点を検討してみよう.

3.1.2　モーツァルトの書簡
「音楽の方に上手にからかわれていさえすれば, 手紙にからかわれずに済むのではあるまいか. 手紙から音楽に行き着く道はないとしても音楽の方から手

紙に下りて来る小径は見付かるだろう」（前掲書，76頁）．モーツァルトの書簡からは，彼の音楽を理解するための手がかりを見つけることはあまり期待できないが，彼の音楽から書簡で語られる内容を解釈することは可能であると小林は言う．小林はモーツァルトの書簡から何を読み取っているのだろうか．ここではまず小林が取り上げる，モーツァルトの書簡の一部を引用し，次いでその箇所に関する小林の見解を検討していくことにしよう．そこから，モーツァルトの音楽の創造過程の特徴を浮き彫りにしてみたい．まずはモーツァルトの書簡を引用する．

> 構想は，宛も奔流の様に，実に鮮やかに心のなかに姿を現します．然し，それが何処から来るのか，どうして現れるのか私には判らないし，私とてもこれに一指も触れることは出来ません．──後から後から色々な構想は，対位法や様々な楽器の音色にしたがって私に迫って来る．（中略）こうして出来上ったものは，邪魔の這入らぬ限り私の魂を昂奮させる．すると，それは益々大きなものになり，私は，それをいよいよ広くはっきりと展開させる．そして，それは，たとえどんなに長いものであろうとも，私の頭の中で実際に殆ど完成される．私は，丁度美しい一幅の絵或は麗わしい人でも見る様に，心のうちで，一目でそれを見渡します．後になれば，無論次々に追うて現れるものですが，想像の中では，そういう具合には現れず，まるで凡てのものが皆一緒になって聞えるのです．大した御馳走ですよ．美しい夢でも見ている様に，凡ての発見や構成が，想像のうちで行われるのです．（前掲書，55頁）

このモーツァルトの書簡に対して，小林は次のような解釈を加えている．

> どんな音楽の天才も，この様な驚くべき経験を語ったものはないのである．併し又，どんな音楽の天才も，自分に一番大切な事柄についてこんなに子

供らしく語った人もいなかったのであって，どちらかと言えば僕は音楽批評家達の注意したがらぬそちらの方に興味を惹かれる．「構想が奔流の様に現れる」人でなければ，あんな短い生涯に，あれほどの仕事は出来なかっただろうし，ノオトもなければヴァリアントもなく，修整の跡もとどめぬ彼の原譜は，彼が家鴨や鶏の話をし乍ら書いた事を証明している．手紙で語られている事実は恐らく少しも誇張されてはいまい．何も彼もその通りだったろうが，どうも手の付け様がない．言わば精神生理学的奇蹟として永久に残るより他はあるまい．併し，これを語るモオツァルトの子供らしさという事になると，子供らしさという言葉の意味の深さに応じて，いろいろ思案を廻らす余地がありそうに思える．問題は多岐に分れ，意外に遠い処まで，僕を引張って行く様に思えるのである．（前掲書，56頁）

　モーツァルトが作曲を行う瞬間には，まるで時間的持続の働きが自らを展開するかのように，ある主題から自然と次の主題や楽器の音色などが導かれ，想像の中ではその曲の細部までが一度に見渡せるという．ここで小林が注目するのは，創作におけるその驚くべき内容だけでなく，モーツァルト自身が創造の瞬間における自らの認識過程を語るその語り口である．ここでも「子供らしさ」という言葉は，聞き手ないしは読み手を意識した余計な思惟や言説の技巧を問題とせず，自らの語りたいことを率直に語る「無私の精神」という意味で用いられている．言い換えると，自らの意識内部で生じる創作過程の現場を，恣意的な解釈を交えずに，そのあるがままの姿で伝えようとする，モーツァルトが音楽や物事一般に対して応じるその根本的な精神の態度に小林は着目している．

　この精神の姿勢が，小林の批評を「遠い処」まで連れていくと述べているが，これはどういうことだろうか．意識的創造の外部に位置するものを創作対象とする芸術家や小説家を小林は批評の対象とするように，小林にとっての批評活

動とは，既存の理論的枠組みを基盤に作品を解釈し，批評として切り取っていく作業を意味するのではない．むしろ，作品を読み自らの精神に現れる作品の形に沿って，言葉を紡ぎ批評を構築していく営みを意味する．自らの感性に現れる作品のあるがままの姿を，小林は批評の対象とする．それゆえ，批評対象となる作品の姿が変化するに従って，小林の批評は「遠い処」まで行くことが出来る．この点に関して，小林は次のようにも述べている．

> 彼［モーツァルト］は，或る主題が鳴るところに，それを主題とする全作品を予感するのではなかろうか．想像のなかでは，音楽は次々に順を追うて演奏されるのではない，一幅の絵を見る様に完成した姿で現れると，彼が手紙の中で言っている事は，そういう事なのではなかろうか．こういう事が可能な為には，無論，作曲の方法を工夫したり案出したりする様な遅鈍な事では駄目なのであるが，モオツァルトは，その点では達人であった．
> （前掲書，84-85 頁）

「工夫や案出」には，対象の流動的側面を固定化し，原初の生き生きとした印象を取り逃がす，ベルクソン的「知性」の働きが介入する．それゆえ，モーツァルトにおける創造とは，意識的に「作曲の方法を工夫したり案出」することではないと小林は言う．むしろ，モーツァルトにおける作曲とは，主題が一つの生き物であるかのように，その時間的持続から音楽の全体が自然と構成され，それが彼の直観や情動の中で閃く外的実在として把握されることを意味する．対象が知性の働きによって分解される過程には一定の時間幅が必要とされるが，情動（感動）は知性の論理的推論に伴う時間を超えて結論へ一気に跳躍し，全体の絵模様を一度に俯瞰させる働きがある．小林の言う「子供らしさ」[45] とは，自らの精神の内部で生じるこの創造的情動を把握する眼差しのことであり，ある対象に貼り付き身動きのできなくなった視線とは異なる，生き生きとした全体を見渡すことの出来る，動的で自由な認識のことをいう．モーツァル

トにおける「主題」は，このような創造的情動・感動との関連から分析が可能であり，心のなかで自然に感じられる情感という点に小林のモーツァルト論の真髄がある．

3.1.3　モーツァルトにおける「もののあはれ」

対象を空間化し，流れる時間を固定する「知性」の働きが介入する以前の，心に自然と生じる情感をいかに殺さずに主題を発展させるか．小林が注目するのは，芸術家の創作時における，このような創造的認識過程である．「主題」の生命について小林が述べた箇所を引用してみよう．

> 捕えたばかりの小鳥の，野生のままの言い様もなく不安定な美しい命を，籠のなかでどういう具合に見事に生かすか，というところに，彼の全努力は集中されている様に見える．生まれた許りの不安に堪え切れず動こうとする，まるで己れを明らかにしたいと希う心の動きに似ている．だが，出来ない．それは本能的に転調する．若し，主題が明確になったら死んで了う．或る特定の観念なり感情なりと馴れ合って了うから．これが，モオツァルトの守り通した作曲上の信条であるらしい．（前掲書，86頁）

この引用に小林が後に『本居宣長』で展開する「もののあはれ」を読み取ることは難しいことではない．「もののあはれ」とは，「物事にふれてひき起こされる感動」[46]，人が生きて生活するなかで自然と感じられる「不安定な美しい」情感のことをいう．原初の自然な感動は，分析の結果生まれる観念や感情と相容れるものではない．言葉や思弁の働きは対象から距離を置き，主客の分裂が生じた地点から対象を客体として捉え分析を行う．この過程において，原初の生き生きとした情感の質は変化し，対象を捉える認識は「子供らしい」純粋な眼差しから，原初の質感を既存の枠組みへ押し込むそれへと変化する．「主題が明晰」になることは，その明晰な見かけとは反対に，その対象が持つ本来の

命を削ぎ落して現れた残留物に過ぎない．実用的生活へ向かう注意，汎用な概念や感情と慣れ合う傾向は人間において避けがたく強いものであるが，モーツァルトの直観はこれら点に触れようとする瞬間に「主題」を転調させ，原初の生き生きとした情感を決して逃がさず作品において表現する．

> モオツァルトは，主題として，一と息の吐息，一と息の笑いしか必要としなかった．彼は，大自然の広大な雑音のなかから，何んとも言えぬ嫋やかな素速い手付きで，最少の楽音を拾う．彼は何もわざわざ主題を短くしたわけではない．自然は長い主題を提供する事が稀れだからに過ぎない．長い主題は工夫された観念の産物であるのが普通である．彼に必要だったのは主題というような曖昧なものではなく，寧ろ最初の実際の楽音だ．（前掲書，84頁）

精神の内部において，言語的意味を基盤とした概念や観念の存在強度が比較的永続するものであるのに対し，直観や感動の生命は，ある程度の長さしか持続しないもろく儚いものである．注意深い観察がその生命を永続させるわけではない．ある時ある場所で感じられる情感が，二度と決してかえることのない唯一無二の質感を内に宿しているのに対して，時間の経過を伴う分析的観察は，原初の情感を排し対象の永続する側面を強調的に浮かび上がらせる傾向が強い．交響曲第39番の最終楽章は，「明け方の空に，赤く染まった小さな雲のきれぎれ」を見た経験をもとに制作された（前掲書，52頁）．「自然は長い主題を提供することが稀」だと小林は言う．ここで言われる「自然」とは何であろうか．「自然」とは単に私たちの外部に存在する事物を指すだけではない．時間的持続の中で構築される無数の知覚像は，外界に触れると同時に私たちの内的経験でもある．それゆえ小林の言う「自然」とは，私たちの外部に存在する自然だけではなく，その自然と関わり様々な情感を受ける，モーツァルト自身の素直な心をも意味すると言える．

主題が直接に予覚させる自らな発展の他，一切の音を無用な附加物として断じて誤らぬ事，而も，主題の生まれたばかりの不安定な水々しい命が，和声の組織のなかで転調しつつ，その固有な時間，固有の持続を保存していく事．これにはどれほどの意志の緊張を必要としたか．（前掲書，87頁）

感動とともに与えられる情感の震えを一切の余分な要素を交えず，原初の形を崩すことなく曲全体へと発展させる「意志の緊張」に小林は注目する．自身の脳裏から入り込む「宿命」を，「祈禱者」の眼差しとともに，主体的に言葉を構築していく詩人や，自らを襲うように訪れる「自然」としての知覚像を，祈りに似た気持ちで主体的に色彩を置いていくセザンヌと同様，小林はモーツァルト論においても，芸術家の主体的な働きかけを強調している．ここではランボー論やセザンヌ論に見られた宗教的な特徴は姿を見せていないが，第1章の最後に述べた「人間の手に合う人間の心」（もののあはれ）を基盤として，小林がモーツァルト論を執筆していることが理解できる．

次節では，「子供らしさ」としての「無私の精神」，そして「自己を超えたもの」という観点から，小林のプラトン論を検討してみよう．

3.2 小林批評における自己／個人を超えたもの

前節で検討したモーツァルト論における「子供らしさ」が，意識に直接的に与えられたものを，技巧を交えずに語る精神の態度を示していたのと同様，小林はプラトン論で，「無私」の姿勢をソクラテスの対話における「率直さ」に見出している．ここで問題となるのは，「自己」や「言霊」という意識的把握を超えた何かに対する際の精神の姿勢であり，自らの内部に意識的にその全体

を把握できない何かが存在すると「信じる」ところに，小林はソクラテスにおける「不知の知」の真の意味があると考えている．本節では，「無私」，「信」，そして個人を超えた「実在」という観点を基盤に考察を進めていく．

3.2.1 ソクラテスにおける「無私」

「どんな主義主張にも捕われず，ひたすら正しく考えようとしているこの人間［ソクラテス］には，他人の思わくなど気にしている科白は一つもないのだ．彼の表現は，驚くほどの率直と無私とに貫かれ，其処に躍動する一種のリズムが生れ，それが劇全体の運動を領している」（『小林秀雄全作品 28』264 頁）．ここまで論じてきたように，小林における批評の対象とは，ある対象や出来事に接する際の作者の認識の過程であり，プラトンの対話編において小林は，「無私」という言葉とともに，「正しく考えようとする」ソクラテスの精神の態度に焦点を当てる．周知のように，ソクラテスの対話では，何が正しいかという絶対的な真理を基準にした道徳が説かれるのではなく，相手の意見のなかに伺える，特定の立場や観点に固執した考えの虚偽や人工的側面を暴くことが目的とされる．自己批判をその第一義に置きながら，状況に従って変わる「正しく考えようする姿勢」に，小林はソクラテスにおける「無私」の精神を見出す．

> 無知なものは智慧の端緒を得，知識あるものは，知識が痺れるのに驚くのを，私達は見る．予めよく考えられた論法によって，議論が前提に導かれる，そういう光景ではない．寧ろ，何の準備も用意も要らず，どんな相手にも心を開く人物と語って，人々は知らず知らずのうちに無私に導かれたのが見られる．（『小林秀雄全作品 21』287 頁）

ソクラテスの対話は，「予めよく考えられた論法」という，既成の「主義主張」を用いて相手を論駁することが目的ではない．むしろ，すでに固定化した認識を壊し，対話を通して相手の認識の質そのものを転回させ，そこから「無

私」を導く点にソクラテスの真の目的がある．小林が批評で着目するのは，この認識上の質的転回点である．「ひたすら知を愛し求めるという，彼の哲学者としての自覚からすると，出来るだけ率直に，心を開いて語るのが，真知を得る最善の道であった」（『小林秀雄全作品 28』261 頁）．対象を固定化して眺める人間の認識上の傾向に逆らい，「正しく考えようとする」姿勢そのものに小林は真の「知」を見出す．言い換えると，ソクラテスにとって，真の「知」とはその内容に根拠があるものではない．むしろ，それは対象や出来事を捉えるその認識の仕方に見出されるべきものであり，この「無私」の認識にソクラテスにおける真の「知」がある．

3.2.2　「言霊」と「信じる」行為

「悪魔的なもの」で検討される「言霊」という概念について，小林はプラトンの対話においてそれぞれ異なる自己を持つ者同士の対話が，なぜ一つの統一された形として現れるのかと問う．小林が「言霊」について述べた文章を引用してみよう．

> 彼には，どんな平凡な人間の間の平凡な対話にも，言わば言霊というようなものが現れるのを見て，これを信ずることで充分であった．言霊が，話し手と聞き手に分れるだけだ．彼は相手を教えようとも，相手を説得しようともしない．そう見えるのは外観であって，彼が語るとは，実は相手のうちに分れた言霊にめぐり会おうとする身振りなのである．（中略）ソクラテスには，自分の考えも，他人の考えもない．ただ正しく考えるということだけがある．つまり思索するという劇だけがある．（『小林秀雄全作品 21』289 頁）

ソクラテスにとって対話とは，情報の乗った言葉を手段として用いたキャッチボールのようなものではない．むしろ，自己自身と不可分な言葉の有機的な

働きに根ざしながら，自らの「言霊」が相手の「言霊」と響き合う，より根源的で生命的な現象の「劇」が対話という言葉で名指されている．「言霊」とは何であろうか．それは各人の言葉の働きに宿りながら，異なる個々人を結び付ける根源的な言葉の力のことである．小林によれば，ソクラテスの対話の真の意義は，一種の「身振り」を通して，相手の言霊との出会いを目的とする点にある．「身振り」という言葉が含意する身体性というニュアンスは，「説得」や「論駁」とは正反対の，他者と真の関係性を作り出そうとする精神の有機的な働きと解釈できる．対話を通して話し手と聞き手に分かれながらも，互いの対話を結び付けて働く言霊という存在に出会おうとする行為が，ソクラテスの対話の真の目的である．

　相手の言葉の底に「言霊」の働きがあるように，自らの心のうちにも「言霊」は働いていると小林は考える．

　　ソクラテスの場合は，言葉の力は，遥かに深く信じられていたと言ってよい．言葉を飾るというような事は，彼には思ってもみられぬ事であった．何故かというと，言葉とは，彼には，自分の外部にあって，外部からどうにでも操れる記号ではなかったからだ．それは，己れの魂に植えつけられて生きているものだ．プラトンの対話篇を通じて扱われている真の主題は，正しく思索する力というもの，正しく語る力以外のものではないと極言して差支えない．（『小林秀雄全作品 28』265 頁）

　ベルクソン哲学の枠組みでは，言語は対象の「持続」を固定化する働きを持ち，否定的含意を持つものとして扱われる．一方で小林においては，ランボー論で言語が新たな世界を開示する働きと不可分のものであるとされるように，言葉は思考の働きと密接に結びついた有機的な存在であり，対象を名指すための道具ないしは記号として把握される客体ではない．「正しく考えようとする」ことは，言葉のこの有機的側面に根ざし思考を行うことであり，それは自分自

身に対して誠実かつ率直に向き合う態度を意味する．それゆえ，事物を指し示す記号のように言葉を扱うことは，自分自身に対して外的になることと同義であり，そこに真の自己が現れることはない．ソクラテスは生きた言霊の働きを妨げるあらゆる主義主張を取り除くよう努め，自らの魂の奥底に宿る言霊の働きを「無私」の精神で感じながら，日常生活の中で硬直した相手の言霊の働きに生命を吹き込もうとする．ここに魂の次元における真の出会いが成り立つのであり，小林はそこに「信じる」という主体的で創造的な行為を見出す．

> 何故各人の互いに異なった独白が，集まって一つの統一ある劇をなすか，彼［ソクラテス］は知らない．だが，その名づけ難い根底の理由とは，即ち各人の独白を，互いに異なるものとする同じ根底の理由ではないのか．彼は，それを信ずる．そういう信に生きることが，生きることであって，ただ生きることでは充分ではないのである．自己を語ることは容易である．自己を超えた精神と対話が始まらなければ，生きる深い理由には至れない．ソクラテスは，そういう普遍的な対話劇を，善の或は徳の劇と呼びたかったのである．（『小林秀雄全作品21』291頁）

各人の異なる意見や考えが生まれる根底には，それらを統一してまとめ上げる力と同一の力が働いているという．ここで言われる「力」は，各人の言葉の働きに宿りながら，個々人を超えて異なる人格同士を結び付ける「言霊」のことである．小林批評における「信」という言葉は，個としての自己を超えたより大きな何かに処する際に働く，意識的で主体的な認識行為のことをいう．小林は「信じる」という主体的な行為を通して，言葉を用いながら知らずとその働きに与っている目に見えない「言霊」を，精神の内側から確かに捉えることの出来る存在として，その存在根拠を与えようとする．言い換えると，「信じる」行為は，その存在が不安定な心的表象に，確かな存在の基盤を与える創造的営為である．

「信じる」という主体的行為は、ソクラテスにおける自己認識と「無知の知」の関係を論じる際に、小林が特に強調している箇所でもある。

> 彼〔ソクラテス〕はただ誠実に自分自身を吟味して、自己というものの汲み尽くすことの出来ないのを見て、これを率直に容認した。それで何が不安か、何が不足か。彼は、己を知ろうとして、知ることが出来ないと諦めたのではない。不知を得て、これを信じたのである。（中略）彼にとって、自意識とは、よく生きんが為に統一され集中された意思に他ならず、この意識は不知なるものの大海に浮かんではいるが、その不知なるものが、人間の意識などより遥かに巨大な、完全なもう一つの意識であることを否定する理由は少しもないのである。ソクラテスの不知なるものとは、そのようなものに思われる。（前掲書、292頁）

　意識的な反省や分析によっては精神の全体を把握することはできないという直観がソクラテスの智慧の根底にあるという。この批評のなかで小林はフロイトにも触れているが、フロイトが明らかにしたように、意識は精神の全体にとってその一部を占めるものでしかない。小林がフロイトの文脈を踏まえていることは明白であるが、自己を超えたものの存在を「信じる」ところに、フロイトと異なる小林独自の解釈があると言える。第2章のランボー論やセザンヌ論などで述べてきたように、小林における「信じる」行為とは、意識的把握を超えた何かに対する際の、その対象の質感を崩さずに把握する意識の働きを示すものであり、プラトン批評においてそれは、精神内部に位置する「もう一つの意識」（無意識）の存在を「信じる」行為として提示されている。

　上記の内容を言い換えよう。ソクラテスが生きていた当時、フロイト的「無意識」という概念は発明されていなかった。徹底的な自己観察の結果、ソクラテスは自己に無尽蔵な特徴を見出したのであるが、意識にとってそれは、絶えず変化し観察の見通しのきかない不安定な存在である。「自己というものを対

象化して，合理的に観察したり認識したりすることは出来ない．自己を知るの
は自己に他ならないからだ．しかし，この不安定な危険に満ちた道だけが，人
間に直接に経験し得るものである」（前掲書，291 頁）．ソクラテスは自身の直接
的経験に基づいて見出した，自意識を超えた巨大な存在を「信じた」．ここで
小林が強調するのは，このような自己内部に位置する意識的把握を超えた存在
（自己）と，その存在を「信じる」意識の主体的行為である．自己の精神の内部
にある「不知なるものの大海」の存在は，意識的な反省によって把握されるの
ではない．「信じる」という意識的で主体的な行為が，その存在根拠が不安定
な存在に，存在の基盤を与える．その意味で「信じる」行為とは，意識的把握
を超えた存在に対する認識上の態度をいうだけでなく，新たな言葉の発明とと
もに，ある対象にその存在基盤を与える主体的で創造的な行為である．ラン
ボーやセザンヌ論だけではなく，小林のプラトン批評においても，自己を超え
た存在を主体的に把握する認識が，「信じる」という宗教的含意を持つ言葉と
ともに強調されている．

3.2.3　個を超えた「実在」の把握

　小林は「プラトンの『国家』」という小論を，同じく『国家』で語られるエ
ルの物語を引用することから始めている．まずは小林の言葉を引用してみよう．

　　もしプラトンという人に，衆に優れた力量があったとしたら，それは，物
　　語や神話の世界，その中で誰も彼もが昔から生きてきたし，今も生きてい
　　る，その世界の明瞭化と意識化を敢行したところにあったので，彼は新し
　　い哲学なぞ勝手に案出したりしたのではなかったと思う．（中略）そこに彼
　　の思想の力と真実とがある．そんな風に，私には感じられる．エルの物語
　　もそうで，大昔から数知れぬ人間が，数知れぬ経験に基づき思索を重ねて
　　辿り着いたところなのである．どうしてこれを，想い附きや才能によって

越えられようか．（『小林秀雄全作品 23』45 頁）

　小林によれば，プラトンは「新しい哲学」を自身の思い付きで考え出したのではなく，プラトンが生まれる以前から無数の人間たちによって紡がれてきた物語を，著作においてそのままの形で記述した．これは既存の世界観の単なる模倣に過ぎないのだろうか．小林はむしろそこにプラトンの記述の力強さを読み取っている．近代以降における芸術家の個人的創造という観点からすると，既存の作品から学ぶ「模倣」はそれより劣ったものとして映るだろうが，プラトンという個人を超えたところで語り継がれてきた物語のなかでプラトンが生き，長い世代に渡って継承されてきた物語に宿る力に，小林はプラトンの『国家』篇における真の魅力を見出している．さらに「ギリシャの印象」において小林は，「イリアス」に示されるギリシャ人の運命感や神々の姿が，日本の「平家物語」や「古事記」で描かれるものと類似している点，パンテオンの円柱の形が，日本の奈良にある唐招提寺の柱に類似している点に触れながら，ギリシャ人の運命観について，『国家』における「エル」の物語と同じ観点から洞察を加えている．

　　ギリシャ人にとっては，運命とは，少しも哲学的な観念ではなかった，と思う．従って自由と必然とのディアレクティックなぞ，考え附く筈もなかった．運命という或る絶対的な力に屈従して生きるより他に，人間には生きる道はないとは，誰にもわかり切った常識上の事実であったに違いない．（中略）彼ら［叙事詩の作者や悲劇詩人］の取り上げた手法は，人間の思惑などには一顧も与えず，ただ人間の肉体の生死に即した，極めて平静簡素な，或は男らしく無頓着なリアリズムであった．（『小林秀雄全作品 21』146 頁）

　ギリシャ人における「運命」は，個々人の営みを超えた巨大な流れを受け入

れる精神の態度として捉えられている．ギリシャ人のこの運命観は，個人を超えた巨大な力の流れに対し，諦観を持って処するという一種の受け身の状態を示すものではない．むしろ，小林は，一人の力では如何ともしがたい巨大な力の動きに従う個人という，極めて当たり前なことの記述，その当たり前のことが持つ「男らしく無頓着なリアリズム」を強調している．個人的な努力によっては戦争状態を避けられないし，人間は死という事実を避けることが出来ない．叙事詩の作者や悲劇詩人は，その当たり前の事実を記述の力として，そこに根ざして描写を行った．そこに小林は彼らの思考の真実があると考える．この当たり前の事実の描写という観点から，小林は古代ギリシャ人の精神性についても言及している．

> 当時の人達は，今日の君達のように利口ではなかったから，櫟の木が語ろうが，岩が語ろうが，それが間違いないお告げである以上，素直に，これに聞き入っていた．しかし，君達利口者はそうはいくまい．語り手は誰であるとか，何処の国の人であるとか，という余計な事が，先ず知らねばならぬ大事な問題となるだろう．というのも，お告げがまさにその通りであるかどうかという肝腎の問題は，君達を素通りして，君達の念頭にはないからだ．ソクラテスの，こういう語り方には，一と口で言えば，昔の人より，君達は果して本当に利口になったかどうかという問いが，含まれていると見ていい．（『小林秀雄全作品 28』258-259 頁）

　ここには小林の知識人に対する皮肉が込められている．「利口」な人物たちは，語られた内容を知的に解釈しようとするが，そこには対象を分析する操作が入りこむため，対象のあるがままの姿を捉えることが出来ない．仏教の物語には，毒矢に当たった人を，周囲の人は毒そのものを取り除くのではなく，矢がどの角度から当たったのかという周辺的な事ばかり検討して，一向に病人の治療に当たらないという例がある．このような，与えられた事実を知的に分析

し解釈する認識がある一方で，たとえそれを語るものが木や岩であろうと，それがたしかに「お告げ」である以上，その啓示をあるがままのものとして受け止める精神の態度がある．ここで小林が後者の認識を評価していることは明白である．もう一つ例を挙げてみよう．『パイドロス』では恋（エロース）が主な主題として取り上げられているが，その恋について小林は次のように述べている．

> 恋という強い欲望は，人を狂気にせずには置かない．それが恋の真相だが，正気でいたい利口者には，恋の真相とは，まさにその通りであるかどうかという問題には，直かに出会えない．利口者は恋の愚を避けた積りでいるだろうが，実は，恋の方で，利口者など近附けないのである．古人は，正気の分別というものを，特に自慢にもしなかったから，狂気というものも，素直な魂が捕えられる，自分ではどうにもならぬ激情，とありのままに受取っていた．狂気（マニアー）とは，正気に到らないものではなく，正気を超えるものと考えられていた．（前掲書，259頁）

　恋は「素直な魂」に襲いかかる，意識的理解を超えた激情であるが，誰の精神をも無分別に訪れるものではない．理性を働かせて正気を保とうとする「利口者」には，恋という超個人的な感情を経験することが出来ない．[48] 理性や分別は，精神の内部に生じた感情を外部から分析する過程を通して，そのうちに宿る炎に水を差す．恋に囚われた状態は，意図的になろうと思ってなれるものではなく，外部から魂に襲い掛かるような，意識にとって一種の自己超越の契機である．理性的判断に基づく限り，先を見通す計算は生きた変化を拒み，自己の枠組みを同一にとどまらせるが，強い恋の欲動はそのような計算的知性を介在させずに直接的に意識を訪れ，変化や自己変革の契機に開かれた魂の状態を作り出す．ここでも小林は，意識的把握を超えた存在が魂を突然襲い，思弁的で分別に満ちた理性の働きを介在させずにそれと関わる姿勢を評価しているこ

とがわかる.

　ベルクソンの議論の枠組みでは，言語を介した知性的認識は，対象の動的側面を固定化させ，対象の実用的で有用な側面しか提示しないとされる一方で，「生活への注意」から離脱した根源的な認識は，時間的持続と深く結びついた，主観と客観が分かれる以前の直接的な経験（実在）の認識を基盤とする. 小林批評にとっての「実在」とは，批評する作品の内部に宿る，作者によって直接的に経験され，真に感得された体験のことである. プラトン論では，運命観や恋愛観など，ギリシャ人にとって当たり前の様に与えられていたものの存在が浮き彫りにされ，そのシンプルではあるが力強い描写を，批評を通して読者に示そうとする. この意味で，小林は作品内部に宿る実在の動性を，それを把握する作者の認識過程とともに提示するのであって，ここにベルクソンから継承した哲学が，小林の批評に応用されている点を読み取ることが出来る.

　第4章では，芸術的創造を導くものが何であるのかについて，小林が鹿児島の霧島で行った講演と彼のゴッホ論を参考に検討していく. そして全体の締めくくりとして，小林批評の特徴を示す試みも行うことにしたい.

第4章

芸術的創造を導くもの

4.1 小林秀雄の霧島での講演

　1974年8月5日に鹿児島県の霧島で行われた講演で，小林はベルクソンの「心霊研究」および柳田国男の『故郷七十年』と『山の人生』について考察を行った．講演の後，小林は「信じることと知ること」と題した論考を発表している．講演と批評文では同じ内容が扱われているが，批評では削除された部分や付け加えられた部分がある．本節ではこれら二つの資料を参考に，人として自然に感じられる感情に基づいて小林が批評を構築していることを明らかにする．以下の議論では，まず小林とベルクソンが語る「テレパシー」について論じ，次に柳田が語る炭焼きの話について検討する．

4.1.1 小林秀雄と「心霊研究」

　『精神のエネルギー』所収の「心霊研究」で，ベルクソンは「テレパシー」について論じている．小林は講演で，科学的理性では扱うことが出来ないが，それでも確かに世界に存在するものの例としてこの話を取り上げた．内容は以下のとおりである．

　ベルクソンが出席した学会で，一人の婦人が，自分の夫が戦争で死ぬ夢を見たと伝えた．その光景はその時現場にいた人々の証言と一致するものであり，テレパシーの存在を暗示するものであったという．しかし，ある医者がこの婦人に対して次のような批判的なコメントを加えた．夫が死んだという夢を見た人はたくさんいるが，それが現実と一致する場合だけに人々は注目し，そうでない場合を無視している．この批判を聞いたベルクソンは，実際にこの婦人が夢を見たという話を，医者は抽象的な問いに置き換えていると考えた．すなわ

ち，医者の批判では，実際に起こった出来事が数すなわち量として捉えられており，夫人が実際にそのイメージを見たという主観的な事実が無視されている．この点に関して，小林は講演でベルクソンとほぼ同じ表現を用いながら次のようなコメントを加えている．

> その医者は夫人の見た夢の話を，自分の好きなように変えてしまう．その話は正しいか正しくないか，つまり夫人が夢を見た時，確かに夫は死んだか，それとも，夫は生きていたかという問題に変えてしまうと言うのです．しかし，その夫人はそういう問題を話したのではなく，自分の経験を話したのです．夢は余りにもなまなましい光景であったから，それをそのまま人に語ったのです．それは，その夫人にとって，まさしく経験した事実の叙述なのです．そこで結論はどうかというと，夫人の経験の具体性をあるがままに受取らないで，これを，果して夫は死んだか，死ななかったかという抽象的問題に置きかえて了う，そこに根本的な間違いが行なわれていると言うのです．（『学生との対話』37頁，「講演」）

　婦人が経験した体験は，実際に起こった事実，知的な解釈を行う以前の直接的な経験として捉えられる必要がある．しかし医者は，事実に知的操作を加え，体験された生々しい経験を，他のケースと比較した量の問題に置き換えている．すなわち，知的操作によって夫人が経験した事実の質感や内容は消去され，問題が単なる数字つまり「抽象的」なものに変化していると小林は言う．ここには事実をそのあるがままの姿で扱う姿勢は見られない．上記の箇所は，出版された批評においては削除されているが，知的解釈が入りこむ以前の直接的経験を尊重する小林の姿勢が現れている．小林は次のようにも述べている．「本当に切実な経験というものは，主観的でも客観的でもないですね．つねられて痛いと感じる経験と同じです．痛いというのは主観的なことか，客観的なことか．どっちでもないじゃないか．本当に直接には僕の心の中の経験じゃないか」

（前掲書，36-37 頁，「講演」）．この箇所も小林の批評文においては取り上げられていないが，ここにも小林が対象を把握する際の特徴が読み取れる．すなわち，主観・客観という区別は，体験がまさに生じている際の心の動きを記述したものとは異なるということである．夫人の見た夢は，主観的・客観的という区別が生じる以前の，精神の内側で実際に経験された「体験」である．

　ベルクソンは常に科学的知見を考慮に入れながら，自身の哲学を展開している．ベルクソンによれば，科学は物質に関しては真実に到達することが出来るが，同じ方法論を用いて人間の精神の領域を分析しようとすると間違いが生じる．[50] 精神は数字や計量によって把握できるものではないからである．ベルクソン哲学における認識論は，量（有用性）と質（実在）の対比から捉えることが可能である．生い茂る楠を認識する場合を考えてみよう．楠は常緑の高木であること，その植生，神社などの建築物に使用されている観点は，人間にとっての有用性という観点から把握された楠の特徴である．楠は科学的に扱われることが可能であるが，これは楠の生き生きとした美しさ（実在）を捉えることとは異なる．ベルクソン哲学の枠組みでは，知性（科学）は外界に有効に働きかけるために適したものであるが，対象を空間化・固定化し，生命の流動的な側面を取り逃がす．

　ベルクソンがそう考えるように，小林は科学が真実に至る唯一の道であるとしない．科学は物質に関して真実を掴むことが出来るが，それは経験を計算ないしは計量できる範囲に狭めた結果可能になったからである．小林の思考には，彼がベルクソン哲学から継承した，知性と実在の認識の対比からの影響がある．その点を確認するために，二つの種類の「理性」と，「合理性」を超えた認識について小林が語っている箇所を二つ引用してみよう．

　　私がこうして話しているのは，極く普通な意味で理性的に話しているのですし，ベルグソンにしても，理性を傾けて説いているのです．けれども，

これは科学的理性ではない．僕等の持って生れた理性です．科学は，この
持って生まれた理性というものに加工をほどこし，科学的方法とする．計
量できる能力と，間違いなく働く智慧とは違いましょう．学問の種類は非
常に多い．近代科学だけが学問ではない．その狭隘な方法だけでは，どう
にもならぬ学問もある．（前掲書，37 頁，「講演」）

大体私たちの経験の範囲というものは非常に大きいだろう．われわれの生
活上の殆どすべての経験は合理的ではないですね．その中に感情も，イマ
ジネーションも，道徳的な経験も，いろんなものが入っています．だから
科学は，人間の広大な経験を，きわめて小さい狭い道の中に押し込めたの
です．これをよく考えなければいけないのです．（前掲書，38 頁，「講演」）

　「科学的理性」と「智慧」に基づいた理性があると小林は言う．ここで小林
が高く評価している「持って生まれた理性」，すなわち「間違いなく働く智慧」
や人間の「広大な経験」に結びついた精神の働きとはどのようなものだろうか．
「智慧」に基づく「理性」は，科学的な考え方によって把握されない，言語や
計算を介する以前に経験される直接的な体験に根差した認識のことである．こ
の具体例として，同じく霧島で行われた小林の講演の後半部で扱われる，柳田
国男に関する考察を取り上げてみよう．そこからこの「理性」の特徴を明らか
にしてみたい．
　自伝と言える『故郷七十年』のなかで，柳田は自身が茨木県の深川に住んで
いたときの話を語っている．柳田は 13 歳のときにそこで兄夫婦と 2 年間暮ら
していた．小川という隣人の庭には，その家の亡くなった祖母に捧げられた小
さな祠があり，柳田はその内部を一度見てみたく，春の日にそれを敢えて行っ
てみた．そこには祖母が体の痛みを和らげるために使っていた石が置いてあっ
た．柳田がその祠の扉を開け，石を見たとき，青空にいくつもの星が輝いてい
るのが見えたという．柳田は，日中に星が見えることはないとすでに本で読ん

で知っていた．この時，空で鵙が鳴いた．「あのときに鵙が鳴かなかったら，私はあのまま気が変になっていたんじゃないかと思うのである」（『故郷七十年』45頁）．この点に関して，小林は次のように述べている．二つ引用してみよう．

> 少年が，その珠を見て怪しい気持ちになったのは，真昼の春の空に星のかがやくのを見たように，珠に宿ったおばあさんの魂を見たからでしょう．柳田さん自身それを少しも疑ってはいない．（『学生との対話』45頁，「講演」）

> 生活の苦労なんて，誰だってやっている，特に，これを尊重する事はない，当り前の事だ．おばあさんの魂の存在も，特にこれをとり上げて論ずるまでもない，当り前のことだ，そう言われているように思われ，私には大変面白く感じられた．ここには，自分が確かに経験したことは，まさに確かに経験した事だという，経験を尊重するしっかりした態度が現れている．自分の経験した異常な直観が悟性的判断を超えているからと言って，この経験を軽んずる理由にはならぬという態度です．例えば，諸君は，死んだおばあさんを，なつかしく思い出すことがあるでしょう．その時，諸君の心に，おばあさんの魂は何処からか，諸君のところにやって来るではないか．これは昔の人がしかと体験していた事です．それは生活の苦労と同じくらい彼等には平凡なことで，又同じように，真実なことだった．（前掲書，182頁，「書」）

石のなかにある「おばあさんの魂」を少年の柳田が見たと小林は言う．おばあさんが身体的・精神的苦しみを和らげるために用いていた，祠に置かれたこの石は，彼女の痛みを常に傍で見ていた，彼女の日常生活の同伴者である．それゆえ石におばあさんの魂が宿っても不思議ではない．

おばあさんの魂の存在は極めて「平凡」で当たり前なことであると小林は言う．私たちが亡くなった人を思い出すとき，自分の記憶のなかにある故人の姿

が偲ばれると一般的には考えられる．しかし，これは記憶が脳に宿るという科学的見解に基づいた発想であり，その意味で時代の制約の中にある．自分たちの経験をよく確かめてみると，亡くなった人物の姿は生き生きと眼の前に感じられるのであり，これは故人の記憶が現前していることとは異なる．小林が言うように，そこで感じられるものは，「魂」と名付けられるべき，この世界ないしは精神の中に確かに存在する何かである．

　故人を思い出すときは，「主観」とも「客観」とも呼べない精神の領域で，亡くなった人の魂が私たちのところにやって来ると小林は言う．意識が記憶の中で故人に関する過去の記憶を呼び寄せるのではなく，意識の外から魂が私たちのところへやってくるのである．これは一つの出会いである．というのは，たとえこの観点が「悟性的判断」の枠組みを超えているとしても，それは精神の内部で体感される事実であり，実際にこの世界で起こる出会いとは異なるものであるとはいえ，確かに一つの出会いの形を成しているからである．つまり，それは内面的な世界で経験される出会いであり，悟性の判断の外部にあるからといって，その存在を無視することは出来ない．ここには，日常生活で私たちが自然に感じる心情に基づいて，小林が思索を行っている特徴がよく現れている．そのことをさらに根拠づけるために，別の例を取り上げてみよう．同じく霧島での講演の中で，小林は柳田の『山の人生』の冒頭の話を取り上げている．そこで小林は，父への同情から自分たちの命を犠牲にする子供たちの心情について語っている．まずは，柳田の話を引用し，次にそれに対する小林のコメントを引用する．

　　今では記憶して居る者が，私の外には一人もあるまい．三十年あまり前，
　　世間のひどく不景気であった年に，西美濃の山の中で炭を焼く五十ばかり
　　の男が，子供を二人まで，鉞で斫り殺したことがあった．女房はとくに死
　　んで，あとには十三になる男の子が一人あった．そこへどうした事情で

あったか，同じ歳くらいの小娘を貰って来て，山の炭焼小屋で一緒に育てていた．其子たちの名前はもう私も忘れてしまった．何としても炭は売れず，何度里へ降りても，いつも一合の米も手に入らなかった．最後の日にも空手で戻って来て，飢えきって居る小さい者の顔を見るのがつらさに，すっと小屋の奥へ入って昼寝をしてしまった．眼がさめて見ると，小屋の口一ぱいに夕日がさして居た．秋の末の事であったという．二人の子供がその日当りの処にしゃがんで，頻に何かして居るので，傍へ行って見たら，一生懸命に仕事に使う大きな斧を磨いで居た．阿爺（おとう），此でわしたちを殺して呉れと謂ったそうである．そうして入口の材木を枕にして，二人ながら仰向けに寝たそうである．それを見るとくらくらとして，前後の考も無く二人の首を打落してしまった．それで自分は死ぬことが出来なくて，やがて捕えられて牢に入れられた．（『山の人生』487頁，旧仮名遣いは現代仮名遣いに直した）

この話に関して小林は次のように述べている．

　子供を二人殺してしまった囚人の単純な話は，大変悲惨な話ですが，装いを知らぬ健全な話ではないでしょうか．子供は，おとっつあんがかわいそうでたまらなかったのです．ひもじかったには違いないけれども，俺たちが死ねば，少しはおとっつあんも助かるだろうと，そういう気持ちでいっぱいなんじゃないか．そういう精神の力で，平気でなたを研いだんでしょう．そういうものを見ますと，何と言っていいか，言葉というものにはとらわれない，と言うのは心理学になんかにとらわれない，本当の人間の魂が感じられます．僕がそう言う話に感動すれば，そういう子供の魂はきっとどこかにいる筈です．（『学生との対話』49-50頁，「講演」）

特定の観点から分析して眺める対象の姿は，私たちが精神の内部で生き生き

と，かつ自然に感じる感情の形とは異なる．上記の話を，なぜ子供たちはなた
を研いだのかと分析しても，この話の真の主題はつかめない．子供たちの魂に
触れることは，「感動」を通してであると小林は言う．すなわち，父親のため
に自分を犠牲にする子供たちの姿に，素直に率直に心動かされることが，子供
たちの魂に命を与えることになる．二人の子供はすでに亡くなってしまってい
るのであるが，小林のようにこの話に感動し，子供たちの決断を理解する人が
いる限り，子供たちの魂はこの世界のどこかで救われているということが出来
るだろう．

　ここでは，子供たちの魂の実在が認められているのみならず，それを主体的
な態度で把握しようする精神の姿勢が問題とされている点が重要である．上記
の引用では，「感動すれば」という条件法が用いられており，子供たちの魂の
存在は，まさに今を生きる人の感動する心の働きによって，真に命が吹き込ま
れると言える．「感動」が心のなかに生まれるときには，一種の受容的な姿勢
でそれが把握されるが，その「感動」は単に受動的なものではなく，その中に
は，対象のあるがままの姿を把握し，魂という目に見えない存在に生命を吹き
込む，他者の存在理由をさえ創造する主体的な働きがある．「感動」は，通常
は見えないものとなっている魂の存在を，実際に生き生きと活動する生命の領
域へ開示する能動的な働きを含み，それが知性によって事後的に省みられる以
前の段階での，他の存在との真の出会いを可能にする．小林が述べる「理性」
とは，単に合理的な頭の働きではない．むしろ，自分たちが日常生活の中で感
じる確かな体験に基づいた，その生き生きした側面を取り逃がすことなく，主
体的かつ創造的に把握する精神の働きのことをいう．

　真の経験の根底には「感動」が存在する．感動／情動が根源的な世界を開示
するというこの立場は，ベルクソンの『道徳と宗教の二源泉』（以下『二源泉』）
においても見出すことが出来るものであり，そこから小林の「感動」の概念を
さらに深めていくことが可能である．次節ではベルクソンにおける「情動」に

ついて検討してみよう.

4.1.2 ベルクソンにおける二つの「情動」

出版された『二源泉』の本文からは削除された箇所であるが，『二源泉』の草稿でベルクソンは「情動」（émotion）と「感情」（sentiment）の区別を行っている[51].『二源泉』の第一章「情動と創造」の最後の段落で，情動が表象に先立つものであり，偉大な作品の根底に芸術家の情動が存在すると述べた箇所があるが，この段落に関して，草稿では段落の最後に次の文章が加えられている.「道徳の最も高い部分のうちに，情動の開花を見ながら，私たちは感情に呼びかけているのでは全くない」[52].「情動と創造」の次に議論される「情動と表象」においては，最初の段落の文章が上記の箇所と類似した構文から始まり，その後，道徳と情動の関係が論じられる.以下詳しく論じるが，「情動」は概念に依存せずに世界を開示する特徴を持つのに対して，「感情」は特定の概念に結びついた精神状態のことをいう.上記の本文から消去された部分においては，道徳に関してではあるが，「情動」と「感情」が別の概念を示すものとして扱われている.

「情動」は「感情」とどのように異なるのか.創造の根底に偉大な情動の存在を想定するベルクソンは，例としてジャン-ジャック・ルソーの山岳美を挙げている.現代の私たちが共通して知る山岳美という心理状態は，ルソーの著作を通して万人に共有される情動となった[53].ベルクソンは次のように述べている.

> ルソーは山について，新しく独自な一つの情動を創造した.ルソーがそれを流通させたので，この情動はありふれたものとなった.（中略）感覚に隣り合う要素的感情は，山から直接的に引き出されたものであり，新たな情動と一致していたに違いない.しかし，ルソーはそれら感情を寄せ集めた.

　　それ以降は単なる調和となるこれら感情の倍音のうちに，ルソーは真の創
　　造によって，根本的な音色を与えたのである．（DS, 38 [1009-1010]）

　ルソーが新たに創造した山岳美という「情動」は，漠然と山を眺めたときに
知覚される形や色彩などの感覚の総体ではない．「感情」が各々の感覚から導
かれる二次的な心理状態である一方，「情動」はそれら派生的感情の基本的な
質感を彩りながら，人間の精神領域に創造的で新たな領域を開示する特徴を持
つ．その質感が対象の性質から依存的に導かれる「要素的感情」をいかに緻密
に構成しても，根源的な情動を構成することはできない．偉大な創造の瞬間に
は，これら感覚に付随した要素的な感情を基盤とする，根源的情動としての創
造的飛躍が存在しなければならない．
　「情動」に関してベルクソンは，「知性の下位にある」（infra-intellectuelle）情
動と，「知性を超えた」（supra-intellectuelle）情動の二つの種類を区別している．
そこには，上記で述べた付随的で要素的な感情と，新たな領域を開示する情動
という二つの区分との類似的構造が見られる．

　　第一の情動は，観念や表象されたイメージに付随したものである．感覚的
　　状態は，知性的状態に由来し，後者は前者に何も負ってはいない．知性的
　　状態はそれ自身で充足し，たとえそれが間接的に感性的状態の影響を受け
　　るとしても，得るものより失うものの方が多い．（中略）しかし，もう一方
　　の情動は，それに引き続き，固有のものに留まる表象によって規定されな
　　い．この情動はむしろ，不意にやって来る知性的状態の関連からすれば，
　　原因であって結果ではない．それは表象のまとまりであり，そこでは何も
　　確かなものとして形作られていない．しかし，有機的な発展によって，そ
　　の実体から何かを引き出すことが出来るものである．（DS, 40-41 [1011-
　　1012]）

第一の情動は「知性」の働きを原因として生じる情動である．これは感覚に付随し二次的に生じる「要素的感情」と同様の特徴を持っている．「知性的状態」とは何か．ベルクソン哲学における「知性」は，対象を空間化し固定化する働きがあるため，物質を扱う際にはその効力を発揮するが，生命など流動的な動性を把握することができない．「固有のものに留まる表象」は知性によって固定化された対象の側面であり，飛躍とともに生まれ，間に何も媒介させることのない一次的情動とは異なって，知性的操作の結果生まれた二次的な情動である．それゆえ，その性質は表象の特徴によって規定される．

　一方で第二の情動は，その特性を規定する表象に先立つ情動であり，そこから導かれる様々な要素は，根源的情動の内で混然一体となりながら，この根源的飛躍の色合いを帯びている．偉大な芸術作品などが持つこの種の情動が，真の創造を通して人間の精神領域を拡大してきた．真の創造の根底には存在論的[54]次元から湧き上がる根源的情動が横たわり，それまで存在していなかった新たな世界がそこで開示される．次に小林における「感動」を再び検討し，ベルクソンの情動論と比べた小林の独自の「感動」の特徴を示すことにしよう．

4.1.3　小林批評における「感動」

　霧島における講演において小林は柳田国男の『遠野物語』に言及しながら，この物語の根底に「山びと」たちの「感動」が横たわっていることを示そうとする．

　　自分がこれから語ろうとする伝説は，すべてこれ，「目前の出来事」であり，「現在の事実」だ，と「遠野物語」の著者は言うのである．これは，自分の語らんとする話は，どれも皆，わが国の山村生活のうちで，現に語られ，信じられ，生きられているという意味でしょう．（中略）明らかに問題は，話の真偽にはなく，その齎す感動にある．伝説の豊かな表現力が，

人の心を根柢から動かすところに，語られる内容の鮮やかな像が，目前に描き出される．柳田さんが言いたいのは，そういう意味合いのことなのです．(『学生との対話』186 頁,「書」)

『遠野物語』で語られる内容は，過去の歴史的遺物でも，想像の産物でもなく，今まさに生活する人々の中で実際に生きられ体験されている出来事であると小林は言う．柳田が遠野という地に赴き，そこに住む人々から直接聞いた話は，過去の伝説や神話が世代を経て現代の人々に継承された単なるおとぎ話ではなく，それを語る人々が今も確かに信じ，共同体の中で共有されていた事実である．小林は，物語世界と実生活との不可分のつながりを強調する．物語で語られる世界は人々の日常に根ざし，精霊や妖怪との出会いは，他者との出会いと同じように生き生きと体験されていた．それが柳田が見た遠野の人々のあるがままの生活であった．

　この点に著者の柳田だけでなく，読者をも「感動」させる力が横たわっていると小林は言う．ここで重要なのは，『遠野物語』で語られる内容の真偽ではなく，「伝説の豊かな表現力」という物語の形そのものに，人々に感動を与える力が宿っていることである．物語の内部に含まれる生命の響きが読者と共有され，一つの出会いとして感得されるところに，感動という契機が生まれる．内容の真偽が問題となるとき，そこには他の経験との比較が介在するため，まさに生き生きと感得される一回限りの経験の質は，分析を通した二次的な知的産物へと変化する．経験内容を事後的に反省する知的操作が介入する以前の，まさにその場で生きられている経験の形（感動）は，そのとき私たちの手から逃れる．

　注意しなければならないのは，ある対象に感動させられる場面において，意識の外部に存在する対象が，主体としての意識に感動という契機を与えるのではないことである．ベルクソン美学における「実在」が，時間的持続から構成

される動性であり，その認識は自己の内部に生成する知覚像の把握と不可分のものであったように，言語的構築物である物語に感動させられることは，ある時間的持続のなかで物語に聞き入り，自らの精神の内部に生成する物語の形（実在）を捉えるという，徹底的な自己認識の過程である．そこには主観と客観という分裂は存在せず，ただ感動するという意識の契機だけが存在している．それゆえ，感動が生じる契機においては，その対象の内容が何であるのかという分析を中心に判断がなされるのではない．感動させられるためには，ある対象の姿を形作る時間的持続の働き，およびその内的生命の響きに共感する「無私」の認識があれば十分である．この点をさらに追究してみよう．小林によれば，感動という精神の働きは，自分たちが古代の人々と同じ心を持つからこそ可能となる．

> 遠い昔の人の心から，感動は伝わって来るようだ．それを私達が感受し，これに心を動かされているなら，私達は，それとは気附かないが，心の奥底に，古人の心を，現に持っているという事にならないか．そうとしか考えようがないのではなかろうか．（前掲書，188頁）

　異なる場所と時代に生み出された物語が，なぜ私たちを感動させるのか．小林は自分たちの精神の内部に古代の人々の魂が生きているからであると言う．私たちの精神世界からかけ離れた，全く理解の及ばない物語に人々を感動させる力はない．しかし，たとえそれが大昔の話であったとしても，私たちがその物語に感動する限り，それに共感し理解することが出来るという意味で，古代の人々の精神を自分たちの内に持っている．言い換えると，私たちの精神の内部に存在している，自分たちが生きる時代を超えた領域の認識は，普段は潜在的な状態にとどまっているが，感動という心の働きを通して，その存在が知られるとともに，確かな手ごたえを持って現れてくる．その意味で，ベルクソンが言うように，感動（情動）とは，精神を新たな次元へと開示する，存在論的

次元からみた，非人称的主体による創造的かつ主体的な行為として捉えられなければならない．そして第3章で論じたモーツァルト論の場合と同様，自身の精神を超えたものの認識は，その対象をあるがままの姿で受け入れる「無私」の精神と切り離して考えることが出来ない．

> 己の意識を超えた心の，限度を知れぬ広がりを，そのまま受入れる用意さえあれば，山びとの魂が未だ其処に生きている事を信ぜざるを得ない（中略）山びと達は，在るがままの自然に抱かれ，山の霊，山の神の姿を目のあたりにして暮らしていた．（前掲書，193頁）

　自らの精神が，現在ここにある在り方とは別の可能性に対して開かれているなら，神話や物語のなかで生きる「山びと」の魂に出会うことが出来ると小林は言う．「己の意識を超えた心の，限度を知れぬ広がり」としての，物語で語られる世界観は，私たちの理解をかけ離れた世界ではなく，現実に繋ぎ止められた意識の幅を広げさえすれば，その世界を想像することも，実際にその中に生きることさえ可能になる．自分の心に現れるがままの対象の姿を真摯に眺めようとする「無私」の認識が，実生活へ向かう注意というヴェールを剥がし，自身の意識を超えたものとの出会いを可能にする．
　『遠野物語』を生きる山びとたちは，「山の霊や山の神の姿」とともに周囲の自然から切り離されることなく生活を送っていた．彼らの眼には，様々な精霊がありありと現前していたのであり，その実在は疑う余地のない現実であった．現代の人々が親しい人間関係を築いていくように，彼らは山の神々や精霊と同じような関係を作っていた．山びとの生活は現代人のそれから遠いものでは決してなく，私たちが感動する心を持つ限り，昔の人々の体験は自分たちの経験でもある．

　「遠野物語」を書いた著者の目的は，遠野の物語に心動かされたがままに，

これを語ることによって，炭焼きの実話に反映している，その遠い先祖達の生活の中心部へ，責任をもって，読者を引き入れることにあった．生活の中心部へとは，山びと達の生活は，山の神々との深刻な交渉なしには，決して成り立たなかったという，そういうところへという意味だ．（前掲書，189頁）

　柳田の目的は，読者を『遠野物語』の中心，すなわち「山の神々との深刻な交渉」という実生活に密接に結びついた古代の人々の「生活の中心部」へ導くことにあった．小林の考えを敷衍すると，ここで柳田は，「遠い先祖達の生活の中心部」へと読者を案内する媒介の役割を果たしていると考えることが出来る．柳田自身が「心動かされた」経験，すなわち彼自身を別の世界観へと開示する根源的な感動を契機としながら，自らの感動を読者と共有しようとする，柳田の開かれた情動が『遠野物語』の根底に横たわっている．「感動」と「無私」の精神が不可分のものであるとすると，物語の世界へと読者を導く真の媒介者としての役割は，自身の恣意的な解釈によってストーリーを構築するのではなく，その物語が語られ，自らが心動かされたところに忠実に従って執筆を行うところにあると言える．

　ベルクソンは「創造とは何よりもまず情動のことを意味する」（DS, 42 [1013]）と述べ，創造と情動に共通した特徴を見出している．この観点は小林の見解につながるものがある．ベルクソンが偉大な創造の起源に新たな情動を想定するように，小林も『遠野物語』の根底に，自らを超える存在へと開示された豊かな感動があるとする．一見すると，両者の概念使用は類似しているように思われる．だが，そこには違いが見受けられる．ベルクソンにおいては，創造的情動の起源が芸術家という個人の根底に存するものとされるが，小林の柳田論における感動は，世代を超えて受け継がれ，多くの人々に共有されるものとして捉えられているからである．遠野の人々は「芸術」という言葉を用い

ていないが，その日々の営みは，共同体によって共有された価値観をもとに営まれる，個人的創造という西洋近代的な芸術観とは異なる，一種の「芸術」的生活である．このような，ベルクソンが自身の芸術論で述べていない，共同体において共有される感動（情動）があるとする点に，小林独自の解釈があると言える．

ベルクソン美学においては，実生活に向けられたヴェールが芸術家の認識では取り除かれ，対象の実在性が作品を通して示されるとされ，小林のランボー論では，日常的経験を超えた「未知のもの」の表現が問題となっていた．両者に共通する特徴として，芸術的表現の対象が「日常性」の彼方に求められている点にある．一方で，上記で検討してきた小林の講演では，遠野の人々が営む日常生活における非日常的要素との接触が語られつつも，ベルクソンやランボーの場合のように，「日常性」という契機が排除されていない．一見すると，日常性を超えた超越的経験に基づく立場と，日常性を基盤とする小林の立場は，互いに対立するように見える．しかし，ベルクソン美学の文脈からすると，日常生活において為される多くの経験が，通常は有用性や様々な偏見のヴェールを通して眺められるため，それがあるがままの姿で把握されることは少ない．日常生活で真の実在が感得されるときには，有用性のヴェールによって狭められ制限された認識を超えて，日常的な知覚が「未知のもの」として現れる．言い換えると，ここには小林が柳田論で強調する，〈日常的超越〉という契機が読み取れる．その意味で，ベルクソン哲学やランボー論で扱われる内容と，上記の霧島講演で語られることは，小林の思考の中で互いに相反するものではない．

次節では，芸術的創造の根底にある「普遍的なもの」が作品を制作していく上での根源的な動機となり，それを中心に無数の作品が創られていくことを，小林のゴッホ論を参考に明らかにしていこう．

4.2　小林秀雄とファン・ゴッホ

　「無限性への意志によって様式を得んとする努力で，ゴッホの頭は，いつも緊張している．これは，殆ど彼自身にもどうにもならぬ傾向のように思われる．休息も眠りも許さず，彼を駆り立てる名付け難い力と思われる」（『小林秀雄全作品20』93頁）．小林は1957年に『ゴッホの手紙』と題した著作を発表し，「告白文学の傑作」と小林が呼ぶゴッホの書簡を世に紹介している．ゴッホが「無限性への意志」に突き動かされて作品を制作し，弟のテオに手紙を書き続けたという点は，小林のゴッホ論の一つの中核を成す主張である．ゴッホにとっての作品の制作とは，目の前にある目的を単に達成することではなかった．むしろ，自身の内部を通過する「ある普遍的なもの」が彼に表現を迫り，それとの格闘を通して絵画や手紙を制作することが，ゴッホにとっての創作活動であったと小林は言う．彼の作品は作品の制作それ自体を目的として作られたものでも，自己表現を目指して制作されたのでもない．それはゴッホが自分自身の精神を表現し救うための切実な「手段」であった．「彼 [ゴッホ] が，企図せずに明らかに表現したものは，絵を手段として何ものかを求める精神である」（前掲書，49頁）．自分の内部に表現を求める巨大な何かがあり，それを克服する努力の過程が，テオへの手紙や絵画という作品として現れる．ゴッホの身体を通り抜ける「ある普遍的なもの」に突き動かされ，その契機をもとに作品の制作や書簡の執筆が行われた点を，小林は次のように表現している．

　　理想を抱くとは，眼前に突入すべきゴールを見る事ではない，決してそんな事ではない，それは何かしらもっと大変難しい事だ，とゴッホは吃り吃

り言う．これはゴッホの個性的着想という様なものではない．その様なものは，彼の告白には絶えて現れて来ない．ある普遍的なものが彼を脅迫しているのであって，告白すべき個性的なものが問題だった事はない．或る恐ろしい巨きなものが彼の小さな肉体を無理に通過しようとするので，彼は苦しく，止むを得ず，その触覚について語るのである．（前掲書，24 頁）

　ゴッホの作品は「ある普遍的なもの」に対する内的な格闘の結果であり，それは彼自身を救うための手段であった．ゴッホの絵画は「或る恐ろしい巨きなもの」を乗り越える過程そのものを語っているのであり，その格闘の結果が現在見られる絵画や手紙として結実している．

　「ゴッホの病気」と題された小林の批評では，ゴッホの病気と作品の関係が論じられている．よく知られているように，ゴッホは精神に病気を抱えていた．彼は絵を描いている途中，突然倒れ，何日も意識を失う．そのとき暴れまわり，叫び続けていたという話を，我に返った時にゴッホは周囲の人から聞く．狂気はゴッホの精神をあるとき突然飲み込み，そして再び回復する．ゴッホの晩年はこの繰り返しであった．しかし，ゴッホは精神に病気を抱える単なる患者であったわけではない．ゴッホは，「自分の病気を，はっきり知っていた病人だった，鋭敏な精神分析医の様に，常に，自身の病気の徴候を観察していた病人だった」（『小林秀雄全作品 22』295 頁）．

　ゴッホが入院していたサン・レミの療養院の院長であるペイロンは，ゴッホの病気を説明する多くの見解を持っていた．すなわち，何が彼の病気を引き起こしたのか，という科学的な知見である．しかし，それはゴッホという患者を外部から眺めた視点に過ぎない．ペイロンがゴッホの病気について，どれほど正しく正確な判断を下したとしても，それは，実際に病気になり，その厳しい過酷な運命を事実として生きなければならない，ゴッホ自身の精神を内面から捉えたものではないと小林は考える（『小林秀雄全作品 20』71 頁）．

小林はゴッホの書簡から，ゴッホが自分の病気にどう対決したかを語る「決
意」ないしは「意志」という側面を読み取っている．「この追いつめられた人
間の，強烈な自己意識が，彼の仕事の動機のうちにある」（前掲書，72頁）．自
身の病気を見据え戦うこの「強烈な自己意識」は，ゴッホの「自画像の視点そ
のもの」に他ならないと小林は言う．これまで検討してきた小林批評の特徴と
同様，創作における「自己意識」というゴッホの主体的意志に小林が着目して
いる．

　　ここに，世にも奇怪な人間がいる．自身でも世間でもこの男をゴッホとい
　　う名で呼んでいるが，よくよく考えれば，これを何と呼んだらいいのであ
　　ろう．それは，自我と呼ぶべきものであるか．この得体の知れぬ存在，普
　　通の意味での理性も意識もその一部をなすに過ぎない，この不思議な実体
　　を，ゴッホは，何もかも忘れて眺める．見て，見て，見抜く．見抜いたと
　　ころが線となり色とな［る．］（中略）そういう場合のゴッホの意識，それも
　　意識という言葉を使ってよいとすればですが，その場合のゴッホの純粋な
　　意識こそ，彼の自画像の本質的な意味を成すものでしょう．（『小林秀雄全作
　　品22』296頁）

　ゴッホの精神病は，彼自身の意志でコントロールできるものではなく，ある
時突然彼の精神に襲い掛かり，理性による意識的判断を介在させない状態に
ゴッホを置く．意識など氷山の一角に過ぎないような「得体の知れぬ存在」が
その下に眠り，ゴッホの実存を絶えず脅かす．ゴッホはいかにこの問題を解決
しようとしたか．この巨大で「不思議な実体」を眺め，それに打ち勝とうとす
る，強烈な自己認識の働きによると小林は言う．すなわち，突然襲い掛かって
は自らの意識を乗っ取る，自身の内部にあるこの「得体の知れぬ存在」の性質
を見抜きさえすれば，自分は病気を支配し乗り越えることが出来るという，強
い意識の緊張が，ゴッホの自画像の「本質的意味」を成している．ゴッホの内

的格闘の結果は自画像における線や色彩となって現れ，この意図的操作とは無縁の「意識」の働きに，ゴッホの作品の「個性」があると小林は考える．

　　もし芸術作品の個性という事が言いたいのなら，それは個人として生まれたが故に，背負わなければならなかった制約が征服された結果を指さねばならぬ．優れた自画像は，作者が持って生まれた顔をどう始末したか，これにどう応答したかを語っているのです．とすれば，この始末し，応答するものは何でしょうか．与えられた個人的なもの，偶然的なものを超えて，創造しようとする作者の精神だという他はないでしょう．（前掲書，301 頁）

　人間は自分が生まれる時代や身体的特徴を選ぶことはできない．誰もがそれら「制約」とともに一生を過ごす必要があり，それは自身に突きつけられた絶対的な「宿命」のように見える．だがこれら全ては「個人的なもの，偶然的なもの」でしかなく，これら偶然的な要素を乗り越え制作を行おうとする「作者の精神」にこそ，作品の真の「個性」があると小林は言う．ここで言われる「個性」とは，「他と異なる」という一般的な意味での個性ではない．むしろ，偶然的に与えられた諸々の「制約」を乗り超えようとする精神の，自己との戦いの過程のことを意味している．「個性」は制作の初めに狙われるものではない．そうではなく，ある制約との格闘を通して生まれた作品の背後に垣間見える，制作者の努力を示す意識の緊張に真の個性は存在している．個性は他のものと比較が可能な作品の内容にではなく，偶然的要素を徹底的な観察を通して見抜き洞察しようとする，作者の精神の「形」に宿っているのである．

　本書で論じてきた他の批評と同様，小林はゴッホ論においても芸術的創造の瞬間における作者の精神の動きに着目している．次節ではこれまでの考察を踏まえ，全体の締めくくりとして，小林批評の解釈の対象とは何かを解明し，本書の結論を述べることにしよう．

4.3 小林批評の解釈の対象は何か

　小林が 29 才の時に執筆した初期の論文「文芸批評の科学性に関する論争」には，これまで本書で検討してきた，意識的把握を超えた対象の実在性と，それを認識する「無私」の態度という，後の小林批評に通底する志向の萌芽が見られる．本節ではこの論考の考察を踏まえて，小林批評の特徴を示すことにする．
　小林は「対象的真理」(実在)と人間の認識の関係について次のように述べている．

> 　対象的真理が人間思惟に到来するか否かという問題は，一般の人々，或は真の芸術家にとっては問題になりません．一般人は，極く自然に，芸術家は意識して，人間思惟という特定活動を頭から認めておりません．彼等は，人間思惟が，彼等の感性的計量中の一つの色合いに過ぎぬ事を率直に認めております．彼等には，対象的真理は，正しく刻々と彼等の思惟に到来しているのであります．彼等の認識が，実践的活動であるという理由で，この間の問題は解決されているのです．(『小林秀雄全作品 3』67 頁)

　ベルクソン美学において，美としての「神の善意」が人間に向かって常に自らを投げ出しているのと同様に，小林は，それに注意を払うかどうかに関わらず，対象の「真理」は常に芸術家の認識に現前していると考える．真理を認識できるかどうかは，常に現前している対象の実在性に対する，人間の側の精神的態度に依る．すでに何度も述べてきたように，知性を介して対象を認識することは，生成し変化する対象の動性を固定化したものへと変化させ，二次的産

物としての主体・客体という分裂を認識のなかに持ち込む．小林が批評を通して一貫して示そうとすることは，実在の動的側面を破壊せず，生成変化する対象のあるがままの姿を維持しながら，その本性を余すところなく把握する芸術家の認識である．

　ただ，この無私の認識においては，認識自体が真理と一致し，その中に溺れてしまうのではない．ベルクソン美学において，時間的持続のなかで構築される対象の動的実在の認識が，自ら構築した像を認識する自己認識であったのと同様に，「真理」（実在）が把握される際には，真理のなかに自らそのものを把握する主体的な認識がある．これはどういうことか．本書の序論で小林初期の論文「様々なる意匠」を取り上げ，「批評の対象が己れであると他人であるとは一つの事であって二つのことでない．批評とは竟に己れの夢を懐疑的に語ることではないのか」（『小林秀雄全作品 1』137-138 頁）という箇所を引用した．芸術家の認識が，対象の内部に身を置きつつ，同時に自らを認識する自己認識の過程であるように，批評行為とは，批評する作品との一定の距離（懐疑）を保ちながら，自らを語ることであると小林は述べている．「批評の実践の根本前提はたった一つしかないのです．先ず芸術的認識をもて，という事以外にはないのです」（『小林秀雄全作品 3』69 頁）．芸術家の認識と批評行為は同じ原理を基盤に為される．批評行為が芸術的認識を持つことと不可分であるとは，より具体的に何を意味しているのか．

　読書や芸術作品の鑑賞に熱中している場合を想定してみよう．この場合，読書内容と読書に熱中する自身の視点が不可分に結びついているため，主体と客体を区別することが難しい．読者の主観は作品の内部に含まれている．この読書経験をもとに批評を執筆する場合はどうであろうか．批評は作品について語るメタ言語であり，作品内容そのものとも，読書に熱中していた体験とも異なる行為である．しかし小林は，「批評対象が自分であるのと他人である」のが，同一のことであると言う．ある作品を精読し，精神の中に一つの解釈が生まれ

るまでには，読書を行う時間という，時間的持続が必要である．読書を通して生まれる解釈の中には，この読書を行った時間という時間的持続が含まれている．その過程を経て生まれた，精神内部における作品解釈そのものを認識する精神の働きが，ここでは「他人を理解すること」と言われている．つまり，精神内部に生じる作品解釈を認識するその精神の働きが，「懐疑的」な視点なのであり，そこには対象の性質（精神の内部に生まれた作品解釈）を崩さずに，自らの解釈を認識する視点が見受けられる．自己の作品解釈と不可分に結びついた作品の姿を，小林は解釈の対象とし，批評という媒体を通して，自己の作品理解を読者に示そうとする．これは小林が単に客観的で分析的な批評を行っていることを意味しない．次の引用は小林がベルクソンについて語った箇所であるが，そこに小林が批評に対する姿勢がよく表れている．

> 彼［ベルクソン］には，芸術に近附くのに，何等の既成概念も必要ではなかったのだし，芸術に，私達の心が動かされる場合の，実際の経験を明らめようと努めれば足りたのである．（中略）彼の出発点は，私達の経験にはない．彼自身の掛けがえのない経験である．自分の内的経験から，審美的経験という一側面を抽出しようとするやり方は，彼のやり方ではない．現に絵に動かされている自分全体の動きを損うまいとする．この動きを規定するどんな出来合の概念もないのだから，彼は，ひたすら，彼の言葉で言えば，精神的聴診によって，その鼓動を感じようとする．（『小林秀雄全作品別巻1』129-130頁）

　小林にとってのベルクソン哲学とは，あらゆる既成概念や知的操作を遠ざけながら，自ら真に感得した経験を唯一の基盤とする哲学である．先ほど述べたように，小林批評にとって，作品について語るところと，自己について語ることが同一のことであるならば，ベルクソンを論じる小林の上記の言葉は，小林自身の批評に対する思想表明であると言える．すなわち，自ら感得した真の経

験を重視するという小林のベルクソン理解は，小林が批評を執筆する際に，自らの作品理解（経験）を根本的な基盤とするという，小林自身の批評的態度の表明と言える．この方法に基づき批評を行うことは，必ずしも誤読を避けることが出来るとは限らない．ただ，ここで問題となる重要な点は，解釈した内容の正誤ではなく，小林の作品理解と不可分に結びついた，作品内部に宿る，創造的瞬間における作者の精神の動きである．それゆえ，ここでは解釈の正誤は問題とならない．

　小林が批評の対象とする芸術家や文学作品は，意識的把握を超える真の実在に対して，無私の精神とともにその実在性を作品中で表現しようとする．これは小林にとっての外的実在（作品）に対し，彼自身が無私の認識となり，批評で作品のあるがままの形を提示しようとする行為と並行関係にある．芸術家による作品制作が一つの創造であるように，小林にとって批評を構築することは，彼自身にとっての創作行為であった．この点に関して，森本は小林がドストエフスキー論を書いた動機を取り上げながら次のように述べている．

　　小林はここで批評家としての「表現」の探求を作家としての「表現」の探求とパラレルに捉え，基本的には同質の試みとして理解している．（中略）作家が「現実」から「人間典型」にいたるのに対して，批評家は「文学」（作品）から「作家の人間像」にいたるという点にあるが，小林はなおこの差異を認めたうえでなお批評的表現行為を作家の表現行為になぞらえるのである．（中略）作家が「現実→表現行為→表現」とたどることで遂行したプロセスを批評家は逆にたどり，「現実」ではなく「作家の人間像」へと到達するのである（「文学（表現）→表現行為→作家」）．（『小林秀雄の論理』252-253頁）

　森本は小林が批評で表現対象としている「文学作品」が，作家が表現対象としている「現実」と並行関係にあり，そこから批評家は「作家」に，作家は

「人間典型」という芸術的表現に至ることを指摘している．森本はドストエフスキー論を取り上げてこの論理を展開しており，小林の批評は「文学作品」から「作家の人間像」を作ることであると結論されている．しかし，小林が批評で示そうとしているものは，単に『ドストエフスキイの生活』で描写されるドストエフスキーの人間像だけではない．むしろ小林批評の解釈の対象は，本書でこれまで示してきたように，自らの感動と不可分に結びついた，創造的瞬間における作者の精神の動きである．

　ベルクソン美学においては，神の啓示を芸術家が読み取るという側面があるが，小林は，非日常的で個としての自己を超えた創造の契機（実在）を，芸術家が主体的に把握し作品を通して表現していく側面を強調する．小林の考える芸術家は，自身が神の立場に立つとまでは言わなくとも，主体的に自らの力で作品を制作する，意志的で能動的な活動を行う人々のことである．そして，芸術家の努力によって創作が行われると小林が述べる際，そこでは神からの啓示という特徴が取り除かれ，芸術的認識の豊かさが，真の実在を認識する際に生じる感動という言葉を通して強調される．小林はベルクソン美学から影響を受け，自身の批評に取り入れていると言えるが，それは既成の思想を単に批評という他の分野に応用したのではない．むしろ，ベルクソン美学を彼なりに咀嚼・解釈し，自分の思想そのものとなった点から様々な作品を読み込み，小林独自の批評を形成していった．

　小林の批評する芸術家が，無私の精神とともに対象の実在を作品で表現しているとすると，作品を無私の精神から把握しようとする小林の批評には，彼の作品解釈と不可分の，芸術家が作品で示す真の実在の姿が現れている．小林批評の特徴は，批評する芸術家が作品で示そうとしたものを，その形を壊さずに，批評においてその強度を増して再度浮かび上がらせる点にある．小林にとっての批評行為とは，正しい解釈の合戦ではなく，自らの作品理解と一つになった創造的瞬間における作者の精神の動きを，批評で再び取り上げ，それを通して

自分自身の思想を語ることである．その点で，作者の語るところと小林の語るところは一致している．小林批評においては，バルトが言う「作者の死」は存在していない．

あ と が き

　著者は学部時代から行ってきたベルクソン哲学の研究を基礎に，フランス国立東洋言語文化大学日本学研究科修士課程への留学を機に小林秀雄研究を開始し，ベルクソンから小林への思想的影響を解明する研究を行うに至った．

　本書では，これまでの先行研究で扱われてこなかった，ベルクソンの神学的美学と小林の美学思想の差異に着目しながら，小林独自の批評の「形」を取り出すことを試みた．橋川文三による批判（『日本浪漫派批判序説』1960）以来，小林には「美のイデオローグ」としてのイメージが付与され，小林自身による戦争を賛美する傾向と合わせて，これまで政治思想の立場から多くが論じられてきた．しかし本書にはそのような政治的立場よりも，その枠組みが未だ必ずしも明確になっているとは言えない小林批評の認識論に焦点を当て，ベルクソンのそれと比較した，小林独自の美学思想の構造を明らかにするところにその目的がある．特に，「信」という宗教的文脈で使用される言葉が，小林批評においては芸術家や思想家の認識を論じる際に用いられ，既存の宗教やベルクソンの神学的美学とは異なる「信仰」の姿を示した点に，これまでの研究と異なる本書の大きな意義がある．

　本書は名古屋大学人文学研究科哲学専攻に提出した博士論文を改定したものである．本書の執筆にあたっては，名古屋大学の宮原勇名誉教授から学問上の様々な助言を頂き，晃洋書房の井上芳郎氏には，校正から出版まで終始お世話になった．両氏に心よりお礼申し上げます．また，本書の刊行は，（公財）村田学術振興財団「2022年度研究助成」および（公財）上廣倫理財団「令和4年度研究助成」の支援によって実現したものであり，この度研究成果の公表という貴重な機会を与えて下さった両財団に深く感謝の意を表します．

NOTES

注

1 小林秀雄『小林秀雄全作品 15』115 頁.

2 前掲書, 116 頁.

3 権田和士『言葉と他者』19-20 頁.

4 前掲書, 23 頁.

5 対象の「実在」を捉えたとしても, その知覚の内容が間違っている可能性があるのではないか, という反論があるだろう. その点に関してここで次のように述べておく. 画家がある対象を見て感動した場合, 対象像の成立と不可分に結びついた感動は, 画家がそこで実際に感得した経験であり, これは比較を許さない絶対的な経験である. 対象の実在性は, ある対象の認識なしには問題となることがないため, 実際の経験を離れて「実在」について論じることは出来ない. ある認識が正しいまたは誤っているという問題は, 一つの知覚を他の知覚と比較したときにしか生じない事後的な問題であり, その意味で, 比較を絶する唯一の経験としての「外的実在」が問題となる場合, 知覚の正誤はそこで問題とならない. この意味で, 「実在」を経験するとは, その対象が〈何であるのか〉という言語的な知的判断以前の段階で対象を把握することであると言える. 言い換えると, そこでは言語を介して行われる事物の認識内容が問題となるのではない. 例えば, 〈このバラは向こうのバラよりも赤くて美しい〉や, 〈昨日このバラはもっとみずみずしい美しさをたたえていた〉という, 比較を持ち込む言語的判断による認識内容を通して対象の「実在」は把握されるのではなく, 他のものとの比較を許さない, ある人がその瞬間に捉えた絶対的な精神の「傾向」との関連からベルクソンの言う「実在」は捉えられる必要がある. その意味で, 「実在」が真に経験される場合においては, 対象が〈何であるのか〉という言語的な認識内容が問題となるのではない.

6 谷川渥『美学の逆説』139 頁.

7 前掲書.

8 上村博「ベルクソンと美学問題」『ベルクソン読本』所収, 92 頁.

9 前掲書, 92-93 頁.

10 前掲書, 93 頁.

11 前掲書, 94 頁.

12 Jean Hyppolite, « Aspects divers de la mémoire chez Bergson », p. 468.

13 この点はドゥルーズが『ベルクソニスム』の 45 頁で, 「持続」と「記憶」の結びつきを扱う際に注目している箇所でもある (Gilles Deleuze, *Le bergsonisme*, p. 45.).

14 この点は拙稿「『物質と記憶』における「主観性」と円環構造」で詳しく論じた.

15 これと同じ構造を持つよりわかりやすい例として, 『精神のエネルギー』所収の「魂と身体」における議論がある. これは知覚における記憶の場合と同じ構造を有している. 例えば, 「はなし」(causerie) という語を発音する場合を考えてみよう. 最後の音節である「し」という音節が発音されるまで, この語の間に区切りはない. この言葉は全体を聞き取って初めて意味を成す. したがって, 言葉を発音している間, すでに発音された音節は, どこかに保存されなければならない. ベルクソンは, 発話が行われている時に流

れている，その時間の中に保存されると考える．これは抽象的に考察される時間ではなく，例えば音楽を聴いている時に流れている，実際に体験される時間である．最後の「し」という発話が終了すると，この言葉の意味は瞬時に理解される．言葉の発話を例においても，記憶の働きが介在していることがわかる．

さらに，「はなし」という語は，文章全体の中において意味を持つものである．一つの文章を理解する場合，この文章全体の中に区切りはない．これを過去全体まで広げ，自分の誕生から一つの文章が続いているとする．そうすると，「はなし」という語の場合と同様，過去全体も時間の中に保存されていると考えることが出来る．人生全体も，途中を読点で区切られた一つの発音として捉えるなら，一つ一つ発音が時間の中に保存されるように，過去全体も時間の中に保存されている．

16 本節の文脈と少し異なるものではあるが，上村は精神と物質が「持続」の観点から捉えられるとする過程を，「物質―精神の二元を時間という一元に還元する」こと，または「時間の空間化」であると述べている．（「ベルクソンにおける美的知覚」17頁）

17 この点に関しては拙稿『『物質と記憶』における「主観性」と円環構造』を参照されたい．

18 この点に関しては，『物質と記憶』で述べられる「純粋知覚」と結びつけて，ドゥルーズなどが研究を行っている．

19 ベルクソンは「生活への注意」と芸術家の認識を『物質と記憶』においても区別している．すなわち，「生活への注意」と「生活することへの要求が外的知覚のうちに付け加えたものが取り払われた，物質についての純粋な視点」（MM, 234 [343]）という区分である．

20 「ラヴェッソンの業績と生涯」のなかで，ベルクソンは，事物が固定した対象として世界に存在しているのではなく，私たちに働きかけていると考える．（LR, 280 [1472]）．

21 上村は「ベルクソンと美学問題」において，「ベルクソンにあっては創造と努力の問題は不可分である」（97頁）と述べ，芸術家の創造が作品を制作する努力と切り離せないと考えている．「ラヴェッソンの生涯と業績」においてベルクソンは，人間の努力によって神の意図を把握できると考えるとする一方で，「神」から「人間」へと向かう方向性を強調している．なお，上村の「ベルクソン美学の問題」では，「ラヴェッソンの生涯と業績」における美学論について触れられていない．

22 『笑い』の中で，ベルクソンはこの点に関して次のように述べている．

> 芸術作品の各々は独特のものである．しかし，もしその作品が天才のしるしを有するならば，その作品は全ての人に受け入れられることになる．なぜ人々はそれを受け入れるのか．もしその作品がそのジャンルにおいてユニークなものであるなら，何のしるしによって，私たちはそれが真実であると見分けるのか．それは，作品が私たちに作品を誠実に見るよう促す，努力そのものによってである，と私は思う．誠実さは伝達されるものである．（Rire, 124 [465]）

ここには，カントが『判断力批判』で述べる第二の契機，すなわち美的判断における「普遍性」からの影響が読み取れる．カントの哲学を踏まえてベルクソンは，作品がその個別性を超えてあらゆる人に理解される理由が，芸術家が対象を真摯に見ようとした努力そのものにあると考える．画家がある風景に感動し，その感情を作品として表現しようとする努力の過程が，その作品を鑑賞する人に伝わる．そして鑑賞者は，作品を眺めるなかで，芸術家がその対象を見るために行った努力そのものの跡を辿りなおす．このようにして，芸術家自身が捉えた固有な感情は，個人という枠組みを超えて，全ての人に共有される内容を表現

するに至る．対象を真摯に認識しようとする努力が，「実在」の表現に深く結びついている．芸術鑑賞における「普遍性」について，ベルクソンは次のようにも述べている．

> ［芸術家の］作品は，私たちに教訓として役立つ手本である．作品の真理は，まさに，教訓の効果によって測られる．したがって，真理は，作品の内に，信念の力，改宗の力をさえ持つのであり，これは作品を見分ける印である．作品がより偉大になり，垣間見られる真理が深遠なものになるほど，結果の到来はより後回しにされうるだろうが，この結果はまた，より普遍的なものになる傾向を持つだろう．したがって，普遍性は，ここでは生み出された結果の内にあり，原因の内にはない．（Rire, 124-125 [465]）

作品の「普遍性」は「原因」としての作品の内に存在しない．それは人々の間で共有された結果として現れる「教訓」のうちで示されるものである．そしてベルクソンは，芸術作品が示す「真理」は，人を「改宗」させる力さえ持っていると考えている．

23 上村「ベルクソンにおける美的知覚」20 頁．
24 前掲書．
25 アリストテレスによれば「再現（模倣）することは，子供のころから人間にそなわった自然な傾向」(1448b，ここでは『詩学』27 頁の翻訳を用いた）であり，「人間の本性」に根差した行いであるとともに，「再現（模倣）」（mimesis）の対象は人間の意図的な「行為」（parattein）である．一般的に，芸術家が作品制作を開始する契機として，例えば風景画家であれば，まず自然の美に心打たれ，次いでその美をキャンバス上に表現すると考えられる．最初に自然美があり，芸術美がそれに続くとされる．これに対しベルクソンは，創作活動に先行して，まず先人の作品の模倣があり，その後芸術家は自然の美へ向かうと考える．どんなに偉大な巨匠であっても，自然美が天啓のように彼の精神を訪れ，新たな形式を無から創造するのではなく，まずは先人が形作った「型」の学習がその基盤にある．
26 「ラヴェッソンの生涯と業績」原注 1 参照（『思想と動き』原章二訳，393 頁）．
27 André Lalande, *Vocabulaire technique et critique de la philosophie*, p. 1020.（ここでは，ジャン・ルフラン『十九世紀フランス哲学』川口茂雄・長谷川琢哉・根無一行訳，白水社，2014 年，34 頁の翻訳を用いた.）
28 2018 年度名古屋大学フィールドワーク調査プロジェクトにおいて，2018 年 9 月にパリ国立図書館で調査を行った．そこで『思想と動き』の草稿（整理番号 NFR 14376, *La pensée et le mouvant*）には，ほとんど大幅な修正が加えられていないことを確認した.
29 上村「ベルクソンにおける美的知覚」21 頁．
30 この点について小林は次のようにも述べている．「彼［ランボー］にとって，見たところを表現する事と表現したところを見る事との間に区別があり得ただろうか．すると，彼は，未知の事物の形を見ようとして，言葉の未知な組み合わせを得たという事になる．『あらゆる感覚の合理的乱用』とは即ち言葉の錬金術に他ならなかったという事になる」（『小林秀雄全作品 15』139 頁）．詩を構成することは「未知の事物の形」を「言葉の未知な組み合わせ」によって表現するである．言葉は対象から独立して存在しているのではなく，物の存在そのものに深く結びついている．未知の対象を表現するためには，通常の言語表現を超えた，創造的な言葉の組み合わせが必要とされる．

31 « Les inventions d'inconnus réclament des formes nouvelles. » (Rimbaud, *Œuvres complètes*, p. 348.)

32 例えば有田によれば、「宿命」はベルクソン哲学から影響を多いに受けた「(大正)生命主義」に深く結びついており、「大正生命主義」を通して、ベルクソンから小林への思想的影響関係を見出すことが出来るという（「初期小林秀雄と生命主義：『生の哲学』と人格主義との接点」，1-12 頁）．また，綾目によれば，小林の「アシルと亀の子 I 」で述べられる「宿命の理論」という言葉は，「芸術家（文学者）」であることの宿命という文脈において捉えられるべきである（綾目広治「小林秀雄『宿命の理論』」，38 頁）．同様に綾目は，論理以前に捉えることの出来る世界を「生」の世界と呼んでいる（綾目広治「小林秀雄と大正期の思想：和辻哲郎，西田幾多郎との連続性」，1-11 頁）．

33 柄谷行人編『近代日本の批評 I 』38 頁．

34 森本『小林秀雄の論理』21 頁．

35 樫原『小林秀雄 批評という方法』41 頁．

36 前掲書，43 頁．

37 前掲書，40 頁．

38 佐藤『小林秀雄』30-31 頁．

39 Rimbaud, *Œuvres complètes*, p. 346.

40 アリストテレス『心とは何か』，139 頁．

41 川里卓「『物質と記憶』における『主観性』と円環構造」参照．

42 『日本国語大辞典』第五巻，943 頁

43 有田「生命主義哲学から生命主義文芸論への階梯」170 頁．

44 表記に関して，小林の引用箇所では「モオツァルト」という原文のまま表記を行い，本文では「モーツァルト」と記述することにする．

45 アントニオ・ダマシオ『デカルトの誤り』および，川里卓「創造における情動の役割：ダマシオとベルクソンの考察を通して」を参照．

46 『日本国語大辞典』第十二巻，1337 頁．

47 参考までに，『笑い』の第 3 章における芸術論を取り上げてみよう．「画家が画布の上に定着するものは，彼が一定の場所で一定の日の一定の時間に再び見ることのない色彩と共に見たものである．詩人がうたうものは，彼自身のもの，そしてひたすら彼自身のものであって，そしてもはや決して二度と帰って来ないひとつの精神状態である」(Rire, 123 [464])．画家や詩人は，ある時ある場所で見た，自分自身の「精神状態」と結びついた風景ないしは心の姿を表現する．絵画や詩など芸術作品が表現するものは，常に一つの風景，一つの心の状態である．芸術作品の対象は，ある環境に実際に住み，自分の心理状態を直接生き，それらと不可分に結びついた質感である．しかし，これらの特徴は，日常生活では振り返られることなく打ち捨てられ，芸術作品で表現されるような普遍的特徴が意識の上に現れることはない．私たちが生きる各々の瞬間は，それぞれが他のものに置き換えることが出来ない唯一のものである．言い換えれば，私たちが捉える心の状態は，常に固有のニュアンスを持った独自のものであり，他の心の状態に置き換えることが出来るものではない．しかし，眼の前にある対象を真摯に認識しようとした芸術家の努力，それを，鑑賞者は，芸術作品の中に見出すことができる．芸術の鑑賞者は，その芸術作品が提示する対象認識の努

力の形式を学ぶことによって，作者の感情の美的輪郭を共有することができるとベルクソンは言う．そうした努力の形式や感情の美的輪郭が作品を通して表現されると，作者に固有であったはずの心理状態が，多くの人に共有され得るものとなる．

48 この点に関して，二宮正之は次のように述べている．

> 狂気は「素直な魂」の水位で起きる．そして，この狂気こそは，恋を成りたたせ，さらには，人の運命を予言する巫女の術をも可能にする．恋も予言も意識や知性の水準の話ではなく，魂の領分でのことだというのである．（『小林秀雄のこと』177 頁）

二宮は，ここであるがままの世界の姿を受け入れることが，「魂の領分」で起こっていると考える．これは「意識や知性」という表層における思考の働きではない．「魂」というより深い精神における水準での出来事である．

49 引用箇所で，講演の内容は「講演」，書かれたものは「書」と表現する．

50 「知性」に基づく「科学的理性」について，小林は次のように述べている．「僕等の行動の上における実生活上の便利さは，科学が人間の精神を非常に狭い道に，抽象的な道に導いたおかげだといえるでしょう．そういうことを，諸君はいつも気をつけていなければならない．理性は科学というものをいつも批判しなければいけないのです．科学というのは，人間が思いついた一つの能力に過ぎないという事を忘れてはいけない．」（『学生との対話』43-44 頁）ベルクソンと同様，小林は計算や科学の枠組みを逃れるものがあるとともに，科学は世界を自分自身で編み出した方法を通して眺めていると考える．

51 Dans le manuscrit NFR 14377, *Les deux sources de la morale et de la religion*, p. 59.

52 « C'est dire qu'en voyant dans la partie la plus élevée de la morale l'épanouissement d'une émotion, nous ne faisons aucunement appel au sentiment. » (NFR 14377)

53 霧島における講演で小林は，「知るということは，万人の如く知ることです．（中略）僕は知っても，諸君は知らない，そんな知り方をしてはいけない」（『学生との対話』50 頁）と述べている．何かを真に知るということは，単に自分自身が理解するだけでなく，あらゆる人の理解にその理解が同時に現れることを意味する．それは客観的な知識が全ての人に同じように現れるのとは異なり，全ての人の理解に基づいてものを感じ考えることを意味する．小林の方法論は，知的な枠組み付けを遠ざけた，私たちが日常生活で自然に感じる根源的な心情に根差している．

54 第二の情動について，谷川は次のように述べている．「本来的に直観と関係するのは言うまでもなく後者［第二の情動］であるが，しかし直観は観念への飛躍であり，情動が観念を産出するものであるとすれば，情動は直観よりも深いと言わなければならない．そしてそれは存在論的に深いのである．情動とは，それがいかなるものであるにせよ何らかの創造行為を可能にする存在論的価値であると言えよう」（『美学の逆説』156 頁）．谷川は，「情動」と「直観」および「観念」の関係について議論している．谷川によれば，直観は観念へ飛躍し，その観念は情動から派生的に生じたものである．

55 この点に関して，野村は，戦時中の小林における「歴史美」について，ベルクソンの「記憶」の議論を踏まえながら，「個人のレベルから共同体のレベル」へと小林が議論の幅を広げている点に，ベルクソンとの違いがあることを指摘している（『小林秀雄 美的モデルネの行方』137-138 頁）．

BIBLIOGRAPHIE

参考文献

1. 小林秀雄の著作および小林秀雄に関する二次文献

1.1　小林秀雄の著作

小林秀雄『小林秀雄全作品 1 様々なる意匠』東京，新潮社，2002 年.

———『小林秀雄全作品 3 おふえりや遺文』東京，新潮社，2002 年.

———『小林秀雄全作品 13 歴史と文学』東京，新潮社，2003 年.

———『小林秀雄全作品 15 モオツァルト』東京，新潮社，2003 年.

———『小林秀雄全作品 16 人間の進歩について』東京，新潮社，2004 年.

———『小林秀雄全作品 20 ゴッホの手紙』東京，新潮社，2004 年.

———『小林秀雄全作品 21 美を求める心』東京，新潮社，2004 年.

———『小林秀雄全作品 22 近代絵画』東京，新潮社，2004 年.

———『小林秀雄全作品 23 考えるヒント（上）』東京，新潮社，2004 年.

———『小林秀雄全作品 25 人間の建設』東京，新潮社，2004 年.

———『小林秀雄全作品 28 本居宣長（下）』東京，新潮社，2005 年.

———『小林秀雄全作品 別巻 1 感想（上）』東京，新潮社，2005 年.

———『小林秀雄全作品 別巻 4 無私を得る道』東京，新潮社，2005 年.

———『学生との対話』東京，新潮社，2017 年.

———『直観を磨くもの』東京，新潮社，2014 年.

1.2　小林秀雄に関する二次文献

有田和臣「生命主義哲学から生命主義文芸論への階梯：生命主義者としての西田幾多郎，その小林秀雄に与えた影響の一側面」『京都語文』第 18 号所収，佛教大学国語国文学会刊行，2011 年.

———「初期小林秀雄と生命主義：『生の哲学』と人格主義との接点」『文学部論集』第 91 号所収，佛教大学文学部刊行，2007 年.

綾目広治「小林秀雄『宿命の理論』」『国文学攷』第 95 号所収，広島大学国語国文学会刊行，1982 年.

———「小林秀雄と大正期の思想：和辻哲郎，西田幾多郎との連続性」『国文学攷』第 180 号所収，広島大学国語国文学会刊行，2003 年.

橋川文三『日本浪漫派批判序説（1960）』『橋川文三著作集 1（1985）』所収，筑摩書房，2000 年.

細谷博『小林秀雄』東京，勉誠出版，2005 年.

権田和士『言葉と他者』東京，青簡舎，2013 年.

柄谷行人編『近代日本の批評 I』昭和篇上，東京，講談社，1997 年.

柄谷行人『批評とポストモダン』東京，福武書店，1998 年.

――――『柄谷行人中上健司全対話』東京，講談社，2011 年.

樫原修『小林秀雄 批評という方法』東京，洋々社，2002 年.

川里卓「小林秀雄批評における『子供らしさ』と『実在』：「マルクスの悟達」および「モオツァルト」論の考察を通して」『哲学フォーラム』第 17 号所収，名古屋大学哲学研究室，2020 年.

前田英樹『定本 小林秀雄』東京，河出書房新社，2015 年.

二宮正之『小林秀雄のこと』東京，岩波書店，2000 年.

――――*La pensée de Kobayashi Hideo*, Librairie droz, Genève-Paris, 1995.

野村幸一郎『小林秀雄 美的モデルネの行方』大阪，和泉書院，2006 年.

大岡昇平『小林秀雄』東京，中央公論新社，2018 年.

佐々木充「小林秀雄の近代批評：誤訳とずらしの手法について」『人文科学研究』第 124 号所収，新潟大学人文学部，2009 年.

佐藤正英『小林秀雄』東京，講談社，2008 年.

森本淳生『小林秀雄の論理』東京，人文書院，2002 年.

山﨑行太郎『小林秀雄とベルクソン』東京，彩流社，1997 年.

2．ベルクソンの著作およびベルクソンに関する二次文献

2.1　ベルクソンの著作（出版の時代順に配列）

[DI] = Henri Bergson, *Essai sur les données immédiates de la conscience*, in *Œuvres*, Paris, Presses Universitaires de France, 1970, p. 1-157.（『意識に直接与えられたものについての試論』竹内信夫訳，東京，白水社，2010 年.）

[MM] = Henri Bergson, *Matière et Mémoire*, in *Œuvres*, p. 159-379.（『物質と記憶』竹内信夫訳，東京，白水社，2011 年.）

[Rire] = Henri Bergson, *Le Rire*, in *Œuvres*, p. 381-485.（『笑い』林達夫訳，東京，岩波書店，1938 年.）

[DS] = Henri Bergson, *Les deux sources de la morale et de la religion*, in *Œuvres*, Paris, Presses Universitaires de France, 1959, p. 979-1247.（『道徳と宗教の二つの源泉』合田正人・小野浩太郎訳，東京，筑摩書房，2015 年.）

[LR] = Henri Bergson, *La vie et l'œuvre de Ravaisson*, in *Œuvres*, p. 1450-1481.（「ラヴェッソンの生涯と業績」『思考と動き』原章二訳，東京，平凡社，2013 年.）

Le manuscrit de *Les deux sources de la morale et de la religion* de Bergson, NFR 14377.

2.2　ベルクソンに関する二次文献

Gilles Deleuze, *Le bergsonisme*, Paris, Gallimard, 2004.

Arnaud François, *Bergson*, Paris, ellipses, 2008.

Jean Hyppolite, « Aspects divers de la mémoire chez Bergson », in *Figures de la pensée philosophique*, tome I, Paris, Presses Universitaires de France, 1990.

David Lapoujade, *Puissances du temps,* Paris, Les Éditions de Minuit, 2010.

Camille Riquier, *Archéologie de Bergson*, Paris, Presses Universitaires de France, 2009.

Frédéric Worms, *Bergson ou les deux sens de la vie*, Paris, Presses Universitaires de France, 2013.

─────── *Le vocabulaire de Bergson*, Paris, ellipses, 2013.

ジャン・ルフラン『十九世紀フランス哲学』川口茂雄・長谷川琢哉・根無一行訳，東京，白水社，2014 年.

上村博「ベルクソンにおける美的知覚」『美学』第 42 号所収，美学会，1991 年.

川里卓「『物質と記憶』における『主観性』と円環構造」『文化と哲学』第三六号所収，静岡哲学会，2019 年.

─────── 「ベルクソンにおける持続の二つの特徴」，『名古屋大学哲学論集』第 14 号所収，名古屋大学哲学会，2019 年.

─────── 「ベルクソンにおける『笑い』の二つの特徴」『中部哲学会年報』第 50 号所収，中部哲学会，2019 年.

久米博・中田光雄・安孫子信編『ベルクソン読本』，東京，法政大学出版局，2006 年.

篠原資明「記憶と芸術」『美学』第 30 号所収，美学会，1979 年.

谷川渥『美学の逆説』東京，勁草書房，1993 年.

3. その他のテキスト

[MA] = Roland Barthes, «La mort de l'auteur», in *Œuvres complètes*, Tome Ⅲ, Paris, Éditions du Seuil, 2002.

[Paul Cézanne] = Emile Bernard, *Paul Cézanne*, in *Conversation avec Cézanne*, Paris, Éditions Macula, 1978.

[Correspondance] = Paul Cézanne, *Correspondance*s, recueillie, annotée et préfacée par John Rewald, Paris, Éditions Grasset et Fasquelle, 1978.

[AC] = Michel Doran, *Atelier de Cézanne*, in *Conversation avec Cézanne*, Paris, Éditions Macula, 1978.

[Cézanne] = Joachim Gasquet, *Cézanne*, Paris, les Bernheim-Jeune, 1921.

André Lalande, *Vocabulaire technique et critique de la philosophie*, Paris, Presses Universitaires de France, 1985. (『セザンヌ』與謝野文子訳，岩波書店，2009 年.)

[DC] = Maurice Merleau-Ponty, « Le doute de Cézanne » in *Œuvres*, Paris, Éditions Paris, Édition Gallimard, 2010. (「セザンヌの疑惑」粟津訳『間接的言語と沈黙の声』所収，みすず

書房，2002 年.）

[BF] = Maurice Merleau-Ponty, « Bergson se faisant » in *Eloge de la philosophie*, Gallimard, 2005.

[PP] = Maurice Merleau-Ponty, *Phénoménologie de la perception*, in *Œuvres*.（『知覚の現象学』竹内・木田・宮本訳，みすず書房，1974 年.）

Arthur Rimbaud, *Œuvres complètes*, Paris, Édition Gallimard, 2009.

Dictionnaire Larousse maxi poche 2020, Paris, Larousse, 2020.

Le nouveau petit robert de la langue française, Paris, Dictionnaires Le Robert, 2008.

アリストテレス『詩学』松本仁助・岡道男訳，東京，岩波書店，2014 年.

川里卓「ベルクソンと柳宗悦の芸術批評における身体性と宗教性」『比較思想研究』第 46 号所収，比較思想学会，2019 年.

─────「ファン・ゴッホにおける農夫・農婦と生活世界」，『比較文化研究』第 136 号所収，比較文化学会，2019 年.

─────「芸術的創造における『共感覚』と日常性」『比較文化研究』第 137 号所収，比較文化学会，2019 年.

─────「メルロ-ポンティにおける『共感覚的知覚』と実在：セザンヌの考察を通して」『名古屋大学哲学論集』第 15 号所収，名古屋大学哲学会，2020 年.

─────「創造における情動の役割：ダマシオとベルクソンの考察を通して」，『中部哲学会年報』第 51 号所収，中部哲学会，2020 年.

二見史郎『ファン・ゴッホ詳伝』東京，みすず書房，2010 年.

佐藤康邦『絵画空間の哲学』東京，三元社，1992 年.

─────『哲学への誘い』東京，放送大学教育振興会，2014 年.

柳田国男『山の人生』，『柳田国男全集 3』所収，東京，筑摩書房，1997 年.

─────『故郷七十年』，『柳田国男全集 21』所収，東京，筑摩書房，1997 年.

『日本国語大辞典』第二版，第五巻・第十二巻，東京，小学館，2001 年.

CURRICULUM VITAE

履 歴 ・ 業 績

川里 卓（かわさと すぐる）

静岡県生まれ．名古屋大学大学院人文学研究科博士後期課程哲学専攻修了．フランス国立東
洋言語文化大学日本学部講師を歴任．主な論文に，「『物質と記憶』における「主観性」と円
環構造」（『文化と哲学』第 36 号），「ベルクソンにおける「笑い」の二つの特徴」（『中部哲
学会年報』第 50 号），「メルロ-ポンティにおける「共感覚的知覚」と実在」（『名古屋大学哲
学論集』第 15 号）など．

「実在」へのアリア
　　——小林秀雄のベルクソン受容から——

2023 年 11 月 10 日　初刷第 1 刷発行　　　＊定価はカバーに
　　　　　　　　　　　　　　　　　　　　　　表示してあります

著　者　　川　里　　　卓 ©

発行者　　萩　原　淳　平

印刷者　　藤　森　英　夫

発行所　株式会社　晃　洋　書　房

〒615-0026　京都市右京区西院北矢掛町 7 番地
　　　　　　電　話　075-(312)-0788 番(代)
　　　　　　振替口座　01040-6-32280

装幀　HON DESIGN（北尾 崇）　印刷・製本　亜細亜印刷（株）

ISBN978-4-7710-3780-9